管闚隨筆 I
占星學補充資料

姜禮淦／著

序

一日一月乾坤中 驀然回首白頭翁
葬花坡上浮雲遠 落葉庭園話蒼穹

　　人類走出洪荒，在追求人身安全和物質豐富的同時，也試圖探索精神世界，進而思考隱藏在事物表現之後的不易之理。不過，個人的生命是短暫的，縱使是曾經的智者們窮其一生致力於揭開覆於真理的帷幕，殫精竭慮後也難得顛撲不破。《莊子‧養生主》說：「吾生也有涯，而知也無涯。以有涯隨無涯，殆已！」

　　雖然人生短暫，憑藉文字書寫，前人的智慧和研究得以流傳，後來者也能以此為基礎，逐步接近真實存在。追尋真理的過程如同攀登螺旋階梯，一步步邁向頂峰，迂迴間趨近中心。微觀物理如此，天文探索亦是，以及形而上之道。即使是科學主義盛行的今天，相信我們所生活的這個世界存在著超自然或不可知力量的神祕主義也一直延續、傳承著，甚至更深化，而與天文學同源的占星學則是其中發展得比較成功的一支。雖然占星學討論的主角——行星——在宇宙中以實體存在著，但是，占星學者並不視其為單純的物質存在，畢竟電磁場、重力場的計算無法得出世事變化，遑論個人的情緒起伏或所經驗的事件。於是，行星／星座被視為形而上之「道」在地球眾生眼前的示現／象徵，占星學則是描述存在之道的象徵語言，幽微深遠而又趣味橫生。對幽微深遠的探索，以及學習過程中的豐富趣味，引領我走進占星學之門。堂奧之內炫目奪人，拾穗之餘，我也就不揣淺陋，贅言幾許，寫下這本書。

既然是寫一本關於占星學的書，我也就試著以占星學的觀點探究，是什麼力量吸引我，讓我必須去寫？又是怎樣的稟賦，讓我以此風格來寫？明顯可見的是，我的出生星盤上有一個T形相位圖形，端點行星木星落在第九宮。占星觀點認為，行星間形成T形相位圖形，端點承受著壓力，難受的同時也讓人不得不去面對和處理，於是，T形的端點也常代表救贖之所在；而木星以及第九宮都和傳播理念、出版有關，這也就是從年輕開始我心心念念必須完成的功課。而我命盤裡的水星落在巨蟹座，與天王星呈六分相——巨蟹的懷舊和迂迴性格也引領著這本書的寫作風格。比起系統性和周延性，我更重視趣味性和可讀性。儘管這本書也以行星、星座、宮位、相位，和流年，做出分章，卻又不同於常見的教科書式鋪排——將各行星落在各星座、各宮位的表現一一說明，以及將各行星間可能形成的相位全部列出並做解釋。所以，選擇一本入門的教科書或是占星全書以便查閱、參考，對於初學者是必要的準備；這本書的特點則在於提供學習者更多作為印證的命例資料，以及教條之外的更深刻認識。（書中名人命例的出生資料來自於http://www.astrodatabank.com）我認為，命理的學習過程，多以實際案例印證有助於象徵意義的領悟和論斷法則的融會貫通。此外，書中也挑選一些廣受討論的星象話題或民俗傳說，以隨筆形式抒發所聞所思，希望能給晦澀的星學抹上生動活潑的色彩。

　　從名人的生平事蹟印證他出生命盤上的象徵以及流年所發生的事件，或是對照自身星盤回顧過往的經歷，都是饒富趣味的學習過程。這本書的目標，也就是希望能夠提升讀者對於星學的學習興趣。學習的價值在於解惑，占星學的學習也是。特別的是，占星學對於自身的困惑常能提供他人所無法給予的心領神會解答。一旦內心的困惑得以澄清，也就能夠真誠面對自我，不再糾結於悲喜榮辱，人生自是豁然開朗。至於趨吉避凶，那是大功告成的大師們的附帶收穫。而我，占星的學習是興趣，也是救贖。

才疏學淺如我，寫作的過程備嘗艱辛。幸而有許多占星前輩和當代老師們的論述做為參考，而不致太過迷茫。書中也盡可能在行文中直接說明所引用珠璣的出處，不另列參考書目。前輩們的論述外，計算機上的星盤繪製工具也在我的學習過程中提供了莫大的方便和幫助，在此我必須表達內心的感謝。網路上有多種星盤繪製軟體可以選擇，我最常用的是Astro Dienst：https://www.astro.com/horoscope，這是一套免費的線上星盤繪製系統。我也要感謝我妻多年來的寬容，她的月亮交點軸線與我的水平軸線重合。

癸卯年戊午月

2023年6月

目錄

星圖索引

行星符號

	陽性行星	陰性行星
		♄ 土星
迦	♃ 木星	
勒	♂ 火星	
底	☉ 太陽	
次		♀ 金星
序	☿ 水星	
		☽ 月亮

♅ 天王星　　♆ 海王星　　♇ 冥王星　　⚷ 凱龍星

☊ 北月亮交點　　　　☋ 南月亮交點

黃道十二宮

舉例說明：每年的十二月下旬到次年一月下旬前，站在地球上看到的太陽位於回歸黃道上的摩羯座「♑」。

第一章 恆星、行星

綢繆束薪，三星在天。今夕何夕，見此良人？子兮子兮，如此
良人何？

綢繆束芻，三星在隅。今夕何夕，見此邂逅？子兮子兮，如此
邂逅何？

綢繆束楚，三星在戶。今夕何夕，見此粲者？子兮子兮，如此
粲者何？

——《詩經·綢繆》

《綢繆》是一首先秦時代祝賀新婚的民歌，親友們唱出婚禮之
夜的溫馨情景。這一夜，參宿三星在黃昏後出現在東方夜空，庭院中
唱歌跳舞、觥籌交舉；爾夜漸深，三星已悄悄走到了天之東南隅，賓
主皆已盡興，珍重依依；經過了一夜良宵美夢，這對新人從門戶向外
望去，再見三星西垂，懸於地平之上。一首美麗的詩歌還為後世留下
一句典雅的成語，今天我們可以用「三星在戶」祝賀新婚之喜。如
果很不幸被誤會為：「新買的三星家電送到家了！」請在心中默念三
次：「只要我不尷尬，尷尬的就是別人。」

明末學者顧炎武在《日知錄》裡提及：「三代以上，人人皆知
天文。」就以收錄周代詩歌的《詩經》來說，描繪過天文景象的篇章
不可勝數，其中許多是俗俚民歌，尋常百姓的日常詠嘆罷了。就如
《綢繆》詩中用以描述時間推移的「三星在天；而後在隅；終至在
戶」，正是天體的「周日運動」表現——地球繞軸自轉一天一周，人
們從地球上望向天空，感覺卻是天上的星辰每天環繞著一個固定的
點，或者說環繞著北極星，做圓周運動。除了《綢繆》所提示的參宿
三星這類恆星，其實人們所能體察到的最明顯的周日運動應該就是太

陽和月亮每天的東升西落。

　　古人在觀測天體時發現，天體大略可以分成兩大類——第一類是相對位置恆久不變的，稱為恆星（Fixed Stars），祂們都距離地球非常遙遠。另有一類星體，祂們在天空的固定背景中相對位置隨時間推移很容易看到周期性的變化，我們稱為行星，包括：太陽、月亮、水星、金星、火星、木星、土星。雖然現代的天文學將太陽歸類為恆星，月亮則是地球的衛星，占星學裡太陽和月亮依舊被稱為行星（Planets），指出祂們一直在遊行中，在恆星和星座背景下位置變化的特性。

　　恆星被觀測與記錄的同時也被應用到星占上，尤其在古代關於政局、軍事、氣候的占卜中。今天，即使西洋占星學以及中國的星學論命大都是以太陽、月亮、水星、金星、火星、木星、土星，以及近代發現的天王星、海王星、冥王星等「行星」為主要討論因子，也仍然有些占星師會特別留意恆星為人世間帶來的影響。例如，常被占星師們討論的一災難事件——2011年3月11日東日本震災引發海嘯，後續還造成福島第一核電站事故。地震發生時日本宮城縣當地時間下午2點46分的星象（參考星圖九），最靠近天頂位置的行星月亮位於雙子座0°7'，正巧緊密遇合恆星昴宿六。占星術裡昴宿六是一顆會帶來災難的恆星。

　　在個人占星中，昴宿六則指向眼睛的問題。義大利男高音歌手安德烈‧波伽利（Andrea Bocelli）是常被討論的命例——他出生時火星（也是他的命盤中「疾厄宮」的主星）落在雙子座0°14'，會合昴宿六。波切利有先天性青光眼，12歲時又在一場足球賽中發生意外而導致全盲。同時，他出生時的天頂位置落在雙子座16°，會合恆星參宿七。參宿七在星占上代表的意義是：必須面對挑戰和競爭，而在不斷的努力後將獲得榮耀。一個人出生時的天頂位置則與成長後的社會聲望有關。

再以知名作家海倫‧凱勒爲例——她的出生時間是在16：00，上升點落在天蠍座24°55'，下降點的位置正好指向恆星大陵五。許多占星師視大陵五爲最邪惡的恆星，祂會帶來屠殺、橫死、窒息、割喉、暴力、重病……等等禍害。在海倫‧凱勒十九個月大時，不幸因疾病而失去了視力和聽力！不過，態度嚴謹的占星師可能會質疑她出生時的上升和下降點位置，因爲出生時間的記錄爲整點常會被認爲存在著誤差！上升點和下降點的位置也就未必正確。而恆星的應用又必須是在1°以內的遇合才能產生效應，出生時間的誤差如果超過五分鐘，她的下降點就不能算是指向大陵五了。那麼，我們就暫時忽略大陵五帶來的戕害，看看命盤中有否其他徵象指出海倫‧凱勒的不幸？太陽緊密貼合南月亮交點應該是最明顯的徵象之一！占星術裡，命盤中的太陽合相南月亮交點，除了帶有早夭或犧牲的可能外，也暗示著容易被黑暗所吸引，處在隱蔽的環境中。

　　以上舉出幾個知名案例，簡略說明恆星在現代占星上的應用。占星師們一般是以這些恆星與星盤上的行星、上升點或天頂在1°以內的遇合作爲產生效應的判斷依據。除了上述的參宿七、昂宿六、大陵五，習慣參考恆星做論斷的現代占星師們較常使用的恆星大約有十幾個，但是，一般占星軟體未必會在星盤中標示出這些恆星的位置。以下整理前輩們的論述，列舉出十四個常用恆星在2000年時的位置和象徵意義——

恆星名稱	2000年位於	象徵意義
大陵五	金牛座26°10'	屠殺、橫死、窒息、割喉、暴力；喉部疾病
昴宿六	金牛座29°59'	野心；任性或放縱而招致災難；哭泣、眼睛問題
畢宿五	雙子座9°47'	敏銳的才智、說服力、意志力、正直、責任心
參宿七	雙子座16°50'	技術和藝術方面的才能而獲得榮耀；不斷突破
天狼星	巨蟹座14°13'	榮耀與財富；狂熱或急躁帶來危險和傷害
星宿一	獅子座27°17'	（蛇咬、藥物）血液受到毒害；狂熱激烈的情感
軒轅十四	獅子座29°58'	幸運、領導能力；強烈的復仇慾望帶來衰亡
角宿一	天秤座23°50'	繁衍、豐收、財富；不擇手段或處事不公正
大角	天秤座24°14'	榮譽、名聲、藝術靈感；旅程順利
氐宿一	天蠍座15°5'	凶狠、暴力、謊言；投入社會改革運動
氐宿四	天蠍座19°22'	卓越；政治和法律方面的才能
心宿二	射手座9°46'	機敏、謀略、因戰爭獲取權力；耽溺權力而衰亡
織女一	魔羯座15°19'	表演與音樂上的才華；縱情聲色的生活
室宿二	雙魚座29°22'	不幸、溺斃、自殺、謀殺；洪水、空難、海難

　　上表所列的恆星位置，特別強調是在2000年時的位置。這是因為地球自轉存在「歲差」現象——地球自轉軸的南、北極點相對於固定的星空背景並非固定不動，而是呈現緩慢運動，彷彿在畫圈的現象。歲差現象完成一周的週期大約是兩萬五千七百多年（360°），所以，從地球上觀察，相當於恆星每十年會移動約8.5'。例如：大陵

五在2000年時的位置是金牛座26°10'，到了2010年再觀測，祂已經跑到金牛座26°18'去了。也因為歲差現象，被稱為北極星的恆星隨著時間的遷移會有所不同，當然，變換需要的時間會長達數千年之久。此外，今天我們在坊間或媒體上常聽的「星座」討論，也因為歲差現象，「星座」已經不是星座！「回歸黃道」和「恆星黃道」的不同容後補述。（參考第72頁插圖）

　　恆星在天空的位置，終人之一生也就1°之差。倒是太陽、月亮、水星、金星、火星、木星、土星等行星與地球的距離近，移動速度也快了許多，被認為對於人世的影響更大，也是真正能夠觸動一個人出生命盤中所顯露的徵象，讓所暗示的事件實現的關鍵。又因為祂們在黃道上的運行周期以及被觀測到的顏色、特質，人們感受到這些行星帶有各自的自然徵象，對人世間能帶來吉凶禍福。因此，恆星之外，西洋占星術在很長一段歷史裡更偏重於行星的象徵與效應的討論。即使中國的術數也借用北斗七星、九星等恆星之名，但在星占論命上也是以行星的七政加上四餘為主流。

太陽（☉）與月亮（☾）

　　基督宗教的舊約《創世記》中記載一個故事——約瑟做了一個夢，夢見太陽、月亮跟星星向他下拜。醒來後約瑟把夢中情景告訴了他的父親雅各，父親責備約瑟說：你想你的母親、哥哥們和我都要向你下拜嗎？

　　雅各是以色列十二支族的祖先，據學者考證，雅各和約瑟的年代距今約三千五百年。不僅以色列的早期文明，在許多文化中，太陽一直都被比擬為君主、元首，或是權力的掌握者，乃至代表最高權力機構。而在個人占星中，太陽也常代表父親、家長，或是上司、領導者，又或者是其他一些父權角色；已婚女性命盤裡的太陽則可能指向她的丈夫。心理層面上，太陽代表一個人的自我意識，祂在命盤中的位置則指出一個人特別重視的生活領域及人生的方向。太陽之外，月亮則是地球上所能觀賞到的另一顆最顯耀天體，尤其是在日落之後的夜空中，柔和的月光照亮夜歸人的路。「日、月」或「陰、陽」常並稱，相對於陽性代表的太陽，月亮是陰性的代表。在世運占星中，太陽象徵權威，代表領導人；月亮則象徵百姓，也代表農業和糧食生產。而在個人占星中，命盤上的太陽可以反映出當事人所體認到的父親；月亮則是母親，或是他與母親間的關係、與親密伴侶的關係，進而表現為日常生活的態度與慣性行為。出生時的月亮狀況也指出一個人提供照顧和獲得安全感的方式。

天球、黃道、二分二至

　　天文學上，太陽是太陽系的中心，供給地球上的眾生光明與溫暖。從地球上觀察，太陽每天東升西落，因此有了白晝和黑夜的區分；太陽每年繞行黃道一周，為地球帶來四季的循環。以「地心說」

的觀點來看，「黃道」是太陽在天球上的視運動軌跡，被視為與「地動說」中的地球環繞太陽的公轉軌道共面。「天球」則是地心說觀點下想像的模型——一個與地球同心、半徑無限大的圓球。地球的赤道和地理極點投射到天球上也就是天球赤道和「天極」。星學家們常將天體的運動軌跡投影到天球上以便描述，黃道是其中最重要的，描述太陽的軌跡。太陽系內其祂行星運行的軌道面也都非常接近黃道面。

由於地球的自轉軸與公轉平面並非垂直，換一種說法是，天球的赤道面和黃道面間存在大約23.5°的夾角，因此在地球上太陽光的直射點會在南緯23.5°到北緯23.5°間往復移動。在模型上的表現則是，天球赤道與黃道會有兩個交點。從地球上看，每年太陽沿著黃道前行，由南向北穿越天球赤道的點稱為春分點，也就是「回歸黃道」的白羊座0°，此時太陽光在地球上的直射點落在赤道上；隨後陽光的直射點繼續北移，到達地球的北回歸線時也就是二十四節氣中的夏至，這時候的太陽開始進入回歸黃道的巨蟹座；陽光直射點到達北回歸線後將轉向南移，當太陽由北向南穿越天球赤道，稱為秋分點，也就是回歸黃道的天秤座0°，此時太陽光在地球上的直射點回到赤道上；之後太陽光的直射點再繼續南移，當到達地球的南回歸線時，也就是中國的二十四節氣中的冬至，這時候的太陽開始進入回歸黃道的摩羯座。占星師們認為，春分、秋分、夏至、冬至，此二分二至是宇宙能量進入地球的節點，因此，常會利用太陽進入白羊座、巨蟹座、天秤座、摩羯座的0°時的星圖所呈現的徵象，預測一個國家或地區未來一段時間的政經發展情勢。例如，1951年12月22日太陽進入摩羯座0°的冬至時刻，站在倫敦的地面上，可以看到太陽正好西落至地平線下，或說，太陽位在下降點的位置；同時間象徵「捨棄以解脫痛苦」的凱龍星也正遇合太陽與下降點，對衝上升點。這一年冬至的倫敦天象被一些占星師視為，一個半月後，1952年2月6日，英王喬治六世駕崩的徵兆之一。

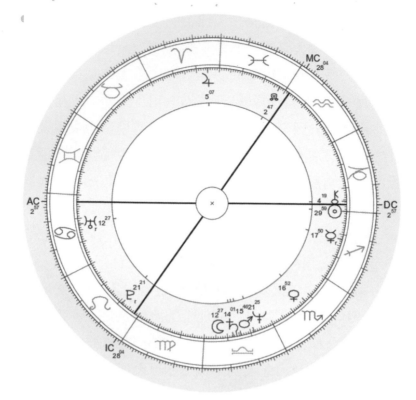

星圖一・1951年12月22日的倫敦冬至圖

　　希臘神話裡的月亮女神阿提米絲（Artemis），羅馬神話裡的黛安娜（Diana），是太陽神阿波羅的雙胞胎姐姐。祂比阿波羅早一點出生，出生後卽幫助母親生下自己的雙胞胎弟弟。因此，祂也是助產女神，同時又是兒童的保護神。阿提米絲喜歡流連在山林裡，要是有人膽敢入侵祂的領域、破壞祂的安寧，必將遭到祂的報復。傳說中祂用雲彩遮住自己的容顏，去親吻少年的臉龐，被月亮女神親吻過的人，能夠擁有神奇的想像力，將會成爲詩人或預言家。這些神話裡的象徵語言也指出了月亮在占星學裡的象徵意義——纖細敏感、想像力、不安和緊張，或者是內在的需求、情緒反應，以及自我保護。有些占星師將其總括爲：一個人潛意識下的行爲。

占星上的月亮被連結到一個人的潛意識與情緒反應，這也十分符合月球在天文物理上的表現。比如說，由於月球自轉一周的時間剛好等於繞地球公轉一周的時間，所以月球一直都是以同一球面朝向地球，而另一面永遠都背對著地球，不為人所見，如同潛意識般。又如：在地球自轉以及太陽、月球的相對位置影響下，月球的引力能夠造成地球上海洋的潮汐變化，如同人有情緒起伏。此外，我們在地球上所能觀察到的最明顯天體變化就是周期性的月相變化——從朔而新月，弦月到滿月，再漸虧而回到朔，周而復始，循環不已。

出生時的月相與個性

月球繞地球公轉，地球又繞太陽公轉，月球、地球、太陽的相對位置不斷變化，造成規律性的「月有陰晴圓缺」。而兩次月圓的間隔時間（一個「朔望月」）大約是29.53天，這也是月相變化的周期。月亮的盈虧，在卜卦占星中特別受到重視——從新月到滿月的「增光」階段，月亮較能發揮效用；從滿月到朔的「減光」階段，月亮較難發揮效用。而在本命占星中，從一個人出生時的月相也能做出粗略的個性判斷。儘管粗略，卻也是基於月亮運行旅程中幾個階段的象徵，以及太陽和月亮所形成的相位，而做出的判斷。巧合的是，這又隱約符合中國術數中八卦納甲理論所說的「太陽（離卦）施光於月（坎卦）以變運六卦」，不同經卦配合著不同月相。關於太陽與月亮形成相位的意義，在「相位」一章再做補述。在此先就月之晦明與坤、震、兌、乾、巽、艮卦爻變的關係，以及卦義和人的個性，進行連結。

· 從新月到蛾眉月間，大約陰曆的月初到初六之前，日出後月出，日落後月落。此時出生的人多較為主觀，也比較樂觀、積極、有行動力，懷有探索世界的濃厚興趣。此時在北半球

看到的月相，一陽（光亮）在下、二陰（黑暗）在上，正好
對應震卦「☳」。震，剛而好動，如善鳴、作足之馬（嘶
鳴、雙足齊舉的馬）。

　　到了初七、初八日（太陽與月亮形成「四分相」），進入上弦
月的月相，這時候出生的人，就可能因為過於主觀而帶來內在的情緒
衝突。

- 陰曆初九、初十左右，在上弦月下出生的人，樂於與他人互
  動，而顯得外向、有自信，懷抱著探索外界的興趣。此時的
  月相，二陽在下、一陰在上，對應兌卦「☱」。兌，悅也。
  兌為口，主言語；兌為羊，順之畜。不過，也可能因為過於
  自信而忽略了自己的限制而不知節制。

　　過了陰曆十二日到滿月前出生的人，精神上會有達到顛峰前的
興奮狀態。除了更樂於與人互動，還試圖在互動中認識自我、探索世
界。

- 到了陰曆十五、十六日，月圓時候出生的人顯得較為客觀。此
  時的月亮最大面積反射太陽光到地球上，是比較願意將所掌
  握的資源反饋出去的人。另一方面，象徵自我意識的太陽與
  代表潛意識的月亮處在對立的兩端，一生行動所追求的與內
  心所渴求的常在相互矛盾之中，還可能帶來自我認同和人生
  目標的衝突。此時的月相正好對應乾卦「☰」，三爻全陽。
  乾，陰陽相薄也；性剛堅如玉而寒。

- 大約陰曆二十日左右，半夜時分月亮從東方升起，日出而
  未落。這階段太陽與月亮呈「三分相」，月相對應巽卦
  「☴」，二陽在上、一陰在下。此時出生的人總想著展現自
  己所有，樂於傳播所相信的理念。經卦中巽為風，傳遞訊
  息。另一個面向是，「巽為進退，為不果。」如果想的多，
  做的少，常會帶來生活和工作上的困擾。

・陰曆二十三日、二十四日前後的下弦月，太陽與月亮又形成了「四分相」，在北半球看到的月相呈現一陽在上（左側）、二陰在下，對應艮卦「☶」。艮為山，為門闕，為閽寺（守門之人）。這個時間出生的人擅長為事物或理念做修飾，卻也可能因為過於自負而獨斷獨行，或以命令方式與人溝通。

・在陰曆的月末出生的人，月亮回到靠近太陽的位置，個性上可能會較收斂或退縮；也可能是生性豁達，又或者是較有奉獻精神、以大我為重的人。此時的月相漸趨於晦暗，可以對應到三爻全陰的坤卦「☷」。坤為牛，順也。坤為地，為文，為眾。

　　如果以《維基百科》上所記載的出生日期看，台北市長柯文哲生於1959年8月6日，當日的月相屬於新月階段，對應震卦；而新北市長侯友宜生於1957年6月7日，當日的月相屬於上弦月階段，對應兌卦。讀者們可以從新聞媒體報導兩位市長的處世態度和行事風格所得印象，對照上文，看看是否大致上符合呢？必須再次強調，以出生時的月相去分類一個人的個性，或是以出生時太陽所在星座，都只能作為初步的猜測。畢竟，每個人出生時的天空，除了太陽、月亮外，還有水星、金星、火星……等等占星因子存在，以及一些未知力量。

　　關於太陽和月亮在占星上的象徵意義，另有一個常被提及的疑問：太陽和月亮在個人占星中分別代表父親、母親，但是，常見的狀況是，家中幾個孩子命盤裡的太陽、月亮的狀況非常不同！確實是同一對父母，為什麼孩子們的太陽和月亮的狀況會有所不同呢？其實，本命盤裡的象徵，代表的是個人的經驗，而未必是某種情境的客觀事實。所以，命盤裡的太陽和月亮的位置、相位反映出來的往往是一個人所體驗到的父母，以及父母間的關係，或親子關係。例如，命盤裡的太陽和月亮間存在著緊張或衝突的（相位）關係，而他的父母卻

一直都是和諧相處中，那麼，緊張和矛盾存在於當事人的內心。史蒂芬‧阿若優在《占星‧業力與轉化》一書中對於太陽與月亮間的相位有這樣的說明——日、月在命盤的位置可能反映出一個人父母間的關係，但是，僅簡單從一個人的日、月間是和諧或緊張相位就論斷他的父母親相處狀況，錯誤的機率很高！常見一些個案的父母頻繁吵鬧，甚至最終以離婚收場，而孩子的星盤裡卻顯示出太陽與月亮的和諧相位，也就是說，這個孩子似乎沒有因為父母失和而受到嚴重的影響。相反的狀況，有些孩子的命盤裡存在著太陽與月亮的緊張相位，然而他們的父母卻在和諧的日常中相處了四十年。這可能說明，他們眼中的父母代表的是衝突的存在方式，或者是他們自身的矛盾的自我表現模式。這種情況自然也很可能造成他與父母相處上的問題！

月亮是最接近地球的天體，水星則是最靠近太陽的行星。神話中的水星之神墨丘利是太陽神阿波羅的弟弟。在談這位古怪精靈的小弟之前，先上一堂中學的化學課。

一堂中學化學課

為了喚醒昏昏欲睡的同學們，口沫橫飛的化學老師突然放慢語速，轉換聲調，以略帶神祕感的語氣說道：鉛的原子序是82，原子核中有82個質子。金元素的原子序為79，黃金的原子核中有79個質子。如果我們能夠在鉛的原子核中拿出三個質子，那麼，我們就能夠將不值錢的鉛轉換成人見人愛的黃金。發大財了！不是嗎？古代的煉金術士們就是打著這個如意算盤。但是，同學們要知道，不管你是加了雞血還是黑狗血，就算把坩堝、燒瓶燒到天荒地老，你也不可能從原子核中拿出任何一個質子。化學反應是改變不了原子核內部的！所以，自古以來從來就沒有哪一個煉金術士能真正的將鐵啦、鉛啊轉換

成黃金。

　　這位教學認眞的化學老師使出了渾身解數，將化學知識融入故事中，生動的表演是爲提高學生們的學習興趣。但是，他對於煉金術的介紹有可能會誤導年輕的學生們。就說原子核和質子吧，那是二十世紀初才在拉塞福的實驗中發現的，古代的煉金術士們所追求的當然也就不會是從現代化學意義的原子核中將質子拿出來。事實上，「最後一位煉金術士」牛頓，以及其他一些現代科學的啟蒙者，都認爲煉金術更像是補哲學與宗教不足的一種修煉法門，而不是爲了煉出高價的黃金。分析心理學創始人榮格更將煉金術與人類心理成長的歷程——「個體化」（Individuation）——比擬。

　　「煉金術」的英文之一是alchemy，牛津英英辭典解釋爲「chemistry of the Middle Ages」；另一爲hermetic，源自於Hermes——希臘神話中的神祇赫密士，對應羅馬神話中的墨丘利（Mercurius／Mercury）。Mercury同時也是汞的英文名稱。內鍊金術認爲，汞是事物背後的靈性本質！而「心思如水銀瀉地，無孔不入。」除了形容文筆流暢、思慮周密，或是善於鑽營外，恰巧也符合汞／水星（Mercury）的物理表現和占星上的意義。

水星（☿）

　　地球所在的太陽系以太陽為中心，行星環繞，其中最靠近太陽的行星是水星（Mercury）。水星的公轉周期約八十八個地球日；大約116天左右會與地球會合一次。又因為水星是太陽系中最靠近太陽的行星，水星公轉軌道在地球軌道內側，所以，從地球上看，水星和太陽間的距離不會超過28°。水星的行進速度遠快於太陽系中的其祂行星，快速運動以及遠高於其祂行星的逆行頻率也讓祂連結到羅馬神話中頭戴雙翅帽、手握魔杖、腳穿飛行鞋、行走如飛的墨丘利——希臘神話裡的赫密斯，祂是太陽神阿波羅的弟弟，也是為眾神傳遞信息的使神，以及商業的守護神。因此，水星的占星符號「　」是以赫密斯雙蛇杖為本，或稱為商神杖。水星在占星上的自然徵象則包括：溝通、交通，以及兄弟姊妹間的關係，再延伸到與同學的關係和基礎教育時期的校園生活與學習。從命盤上的水星狀態也可以看出一個人的思考方式，並及於感興趣的領域。世俗占星中水星常代表通信、交通、傳播業、教育文化行業，以及一般的商業行為。

　　水星在中國古代稱作辰星，「辰星，智也，聽也。」又因為古人觀測到的水星呈現灰色，五行學說以黑色對應「水」，因此辰星又名水星。

行星逆行

　　拜星座專家們所賜，許多人對於「水逆」一詞早已經耳熟能詳，「水逆」甚至成為了社會大眾的流行語！如果朋友間閒聊遇到了辭不達意或雞同鴨講的情況，可能就會來上一句：「現在是怎樣？水逆喔！」化解尷尬。水逆指的是水星逆行。水星在占星上主要與商業、溝通、交通以及個人的理性思考有關，因此，本命占星裡，命盤

上逆行的水星被認為會給一個人帶來早年的學習障礙，或是不良的溝通能力，卻也可能因此而思考更加深入；世運占星裡，水星逆行的時候被認為會帶來商業談判或交易上的不順利，也可能發生交通上的混亂狀況，甚至有些星座專家將一些空難事件與水逆做連結！如果我們檢視歷史上的空難事件，的確有些空難事件是發生在水逆時，卻有更多空難事件是發生在水星順行時。畢竟，水星順行的時間長度約是逆行的四倍！

試列舉《維基百科》上所記錄發生於2000年的商用客機事故，檢視事故發生時水星運行狀況——

- 1月10日十字航空498號班機空難：從蘇黎世機場起飛後約兩分鐘便墜毀，機上10人全部罹難。這天水星順行中！（政府的調查報告外，另有一份獨立調查報告指出：當時機上有乘客使用手機而導致自動駕駛系統失效。）
- 1月30日肯雅航空431號班機空難：班機起飛後不久墜海。原因可能是，起飛後附近一帶全是海洋，夜間沒有燈光導致機師未能以目視方式判斷飛行高度，而以錯誤方式處理電腦錯誤發出的失速警報。客機上乘客169人，機組人員10人，只有10人生還。這天水星順行中！
- 1月31日美國阿拉斯加航空261號班機空難：飛機墜毀於加利福尼亞州安那卡帕島以北4.3公里的太平洋裡。事後調查認為飛機機件維修不足導致過度磨損，並在飛行過程中引發了飛行控制系統災難性故障。飛機上的88人全部遇難。這天水星順行中！
- 2月16日一架美國貨運航班在薩克拉門托馬瑟空軍機場起飛後不久失去控制，向左傾斜，墜毀在機場東1.6公里，機上的3名機組人員遇難。這天水星順行中！
- 6月22日武漢航空343號班機空難：因遭遇雷擊及風切變，墜毀

於漢江南岸的漢陽區永豐鄉，機上42人全部遇難，地面亦有7人遇難。水星於6月23日由順行轉為逆行！

- 7月12日赫伯羅特航空3378號班機事故：飛機起飛後機上警報指示起落架不能完全收起，後來，中途緊急迫降，機上有部分乘客受傷，但無人重傷。事故客機報廢。這天水星逆行中！

- 7月17日印度聯盟航空班機墜毀於巴特納機場：60人罹難！事故是因飛行員的失誤而造成飛機失控。水星於7月17日結束逆行，轉為順行！

- 7月25日法國航空4590號班機空難：客機在起飛時輾過跑道上前機所掉落的零件，導致輪胎爆裂，碎片射向油箱，進而引燃了泄漏的燃油，離地後不久就墜毀於巴黎市郊。空難造成機上100名乘客和9名機組人員全部罹難，並造成地面的4人死亡及1人受傷。這天水星順行中！

- 8月23日海灣航空72號班機空難：在飛機降落的重飛中，於機場北面兩公里處的波斯灣墜毀，導致全機143人死亡。這天水星順行中！

- 10月31日新加坡航空006號班機在象神颱風的暴雨中於台北中正國際機場起飛，由於機組人員操作錯誤導致航機進入錯誤的跑道，起飛時撞到障礙物墜毀。機上83人罹難。這天水星逆行中！

　　水星順行或逆行中都有可能發生飛機失事事故，如果將水星順行的時間長度多於逆行四倍以上計算在內，的確可以說，水星逆行時的飛機失事比率偏高。不過，考慮飛機失事的多種原因——天候變化、機件故障、機師操作失誤，也可能是機師與塔台的溝通問題。以占星上的象徵言，水星逆行可能會影響到機師的思考是否清晰，溝通

上能否順暢，也可能影響到地勤的維修工程師是認真細心或粗心大意，卻無關天候變化、突發性的外力打擊。另外一點，雖然水星在神話中的形象與飛行有關，但是，在占星學中天王星才是真正與電子、機電，以及航空等科技產業有關的行星。例如，第一個踏上月球表面的太空人阿姆斯壯的命盤（星圖三十二）裡的天王星，正是他能在航空事業發揮的象徵。

除了自東向西的周日運動外，人們從地球上觀察，太陽、月亮、水星、金星、火星、木星、土星等行星以天球上的恆星為背景會由西往東推進，也就是在黃道帶上前進。行星在黃道上推進的過程真的會在某一時間立定、回頭嗎？不科學吧！事實是，從地球上真的可以看到太陽和月亮之外的行星規律性的會在黃道帶上短暫停滯——「留」——然後由東往西方向退行，這個現象稱為「行星逆行」。逆行都是發生在這些行星接近地球的階段——水星、金星兩顆內行星運行到太陽與地球間，或是當地球走到火星、木星、土星、天王星、海王星、冥王星等外行星與太陽之間時。當然，行星逆行是以地球為中心所觀測到的現象，祂們的真實行進，從天北極看，逆時針方向周而復始，沒有改變。

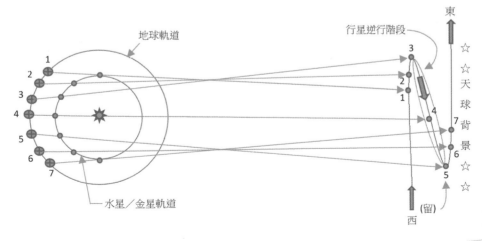

行星逆行示意圖一

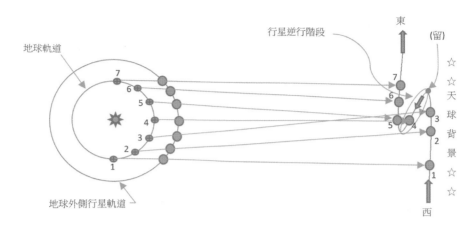

行星逆行示意圖二

- 水星與地球內合（最靠近地球）的間隔從105日至129日不等，大約每三個多月到四個月會逆行一次，從地球上每年可以觀察到三到四次的水星逆行，每次逆行歷時約三周，再恢復順行。

- 金星與地球內合的週期平均為584天。金星約每十九個月逆行一次，每次逆行歷時約六周。

- 火星衝日（地球位在太陽和火星之間）的時間間隔約為779天，火星約每二十六個月逆行一次，每次逆行歷時約兩個多月。

- 地球每年繞行太陽一周，會行經太陽與木星軌道之外的幾顆行星之間1次／年。因此，木星、土星每年會逆行一次，歷時約四個多月；天王星、海王星、冥王星每年逆行一次，每次逆行可以達長五個多月之久，也就是說，三王星被觀察到順行或逆行的機率相近。

傳統的西洋占星觀點認為，行星逆行會給該行星的力量帶來退縮、延遲、混亂的，或是反省等效應。例如，本命占星中，吉星逆行代表的是吉象受到阻礙，凶星逆行則代表凶象更加險惡。而在卜卦占星中，所占問事情的代表行星如果正在逆行，常代表事情有所阻礙。如果詢問的是感情事件，代表對象的行星正在逆行，可能對方處於猶豫中或是退縮。但是，卜問失物相關問題時，若代表失物的行星正在逆行則失物可以失而復得。不過，中國的星學論命則認為，行星逆行未必不吉，端看行星吉凶以及與太陽的相位。《乾元秘旨》還說：「吉星與命主在陽前，又喜其逆，逆則其氣轉親；在陽後，又忌其逆，逆則其氣轉疏。凶星反是！」

　　中國的星學也特別強調行星「遇日即遲、留、伏、逆」的運行狀態，這些不同狀態下的行星會對世事帶來特殊影響。「留」指的是行星從順行狀態轉為逆行的過程中短暫停滯的時期，或由逆行轉為順行過程中的短暫停留時期。現代的西洋占星觀點雖然不再視行星逆行必然為凶兆，卻也都認為，行星將要逆行之日以及逆行結束回復順行之時，對地球上的人與事會帶來最強的影響。上文列舉的幾起2000年商用客機事故，也的確有幾起事故發生的時間正巧落在水星順行轉逆行或水星結束逆行轉順行的日子裡的。

金星（♀）

　　西洋神話故事的神祇中最為我們所熟知的大概就是維納斯。維納斯（Venus）是羅馬神話中愛與美的女神，也是金星的西洋名稱。一個有趣的現象：如果從天北極上觀察，太陽系的行星自轉方向都是逆時針的，唯一不同的是金星——金星的自轉方向是順時針的。而在歐美文化中金星也是太陽系行星唯一以女神之名命名的，其祂行星都以男性神祇命名。中國古代，金星稱為太白星。中國的道教中，最初的太白金星形象也是位演奏著琵琶的女神，明朝以後的形象才轉變為童顏鶴髮的老男神。太白星在實際觀測中呈現白色，五行學說以白色對應「金」，因此太白星又名金星。太陽系裡，金星的軌道在地球內側，從地球上觀察，運行中的金星可能位在太陽之前，也可能在後，但是與太陽的最大距離不會超過48°。

　　西洋神話裡的維納斯所到之處總是帶來和諧的氣氛，散播著歡樂。占星術裡，命盤上的金星則主管一個人的情愛、魅力和吸引力，也會影響到婚姻生活和社交生活，並延伸到人際關係；同時，金星所表現的徵象也指出了女性的情慾狀況和生育能力。知名影星伊莉莎白‧泰勒的維納斯形象和她命盤裡的金星徵象就十分吻合（參考星圖七），尤其是她的金星與天王星緊密相合，又三合（距離120°）木星。在神話裡，維納斯的另一個面向是：對婚姻不忠、風流韻事不斷、性關係複雜，甚至祂還被奉為妓女的守護神。此外，維納斯也被認為是女性美的最高表現。占星學裡的金星也代表美的事物，包含藝術與精品；世俗占星中的金星則與國家的金融、外交關連。

　　傳統上金星被視為吉星。不過，「得其所利，必慮其所害；樂其所成，必顧其所敗。」金星在一般狀態下被賦予和諧、浪漫、有魅力，以及受人喜愛，這些正面的意義。不過，負面狀態下的金星也可能會表現出懶散、放縱、耽溺於享樂，甚至濫情。傳統的命理學，習

慣將一些論命元素賦予吉或凶的定位，現代論命，尤其在心理占星學興起後，占星師們開始反思：將單一元素分類爲吉或凶的觀點眞的是對世間人事最適當的詮釋？更實際的問題是，以吉凶的觀點論命對於當事人是否有所助益？舉例來看，金星主管戀情，如果一個人的出生金星處於「良好的狀態」，是否就代表此人的戀愛之路能走得順遂？恐怕未必！

　　2019年中，曾有週刊報導台灣一位女藝人與已婚男藝人的不倫戀情，並拍下他們在台北街頭擁吻的照片。這位女藝人除背負罵名、公開致歉外，演藝事業也因此受挫，爲緋聞付出了慘痛的代價。依照《維基百科》上所記載的出生日期，女藝人的出生金星落在摩羯座，屬於「三分主星」的尊貴位置，與出生火星三合，同時也被火星所「接納」。有力的金星給了她展現個人魅力的機會，而金、火共鳴的徵象引導她走向演藝事業，發光發熱。不過，她的金星（可能也是代表禁忌和性愛的第八宮的主星）與南月亮交點緊密相合，暗示存在著待解決的情愛業力。2019年，當行運的土星和冥王星考驗她代表情慾的金星時，行運的南月亮交點也回到出生時的位置，遇合命盤的金星。同時間的過運海王星也對衝她的火星，180°的對衝常牽涉到與人之間的互動，海王星則帶有欺騙或是犧牲的色彩。幾個帶著業力意味的行星趕來參與金火局中，終於引爆業力，帶來傷害。金星可以是吉星，也可能是人生的敗筆。

　　（命盤裡的南月亮交點合相金星所代表的象徵意義包含有：能夠展現藝術才華，或是因爲戀愛而受苦；行運的南月亮交點合相命盤金星所帶來的效應包含有：出現了業力引爆的關係，或是，陷入錯誤的關係中。）

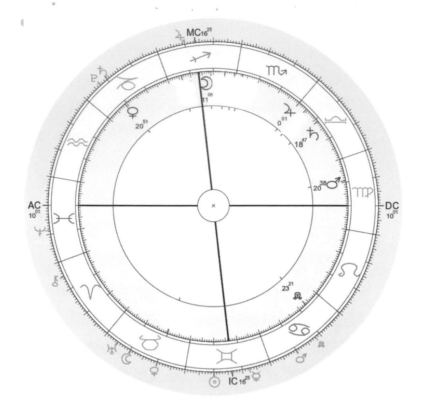

星圖二‧某女藝人＋2019年中的過運行星（外圈）

維納斯的梳妝鏡／風月寶鑒

　　如同一面鏡子有正、反兩面，金星是一顆吉星，卻也帶有負面性質。而天文學以及占星學上的金星符號（♀）也被看做是維納斯的梳妝鏡。一面映照出美，一面映照出「慾」。不由令我想起跛足道士借給賈瑞的「風月寶鑒」——正面一照只見鳳姐在鏡裡招喚，反面一照卻見一個骷髏兒。

　　《紅樓夢》第十二回寫到，王熙鳳設局戲弄存有不軌之心的賈瑞，幾經折磨後賈瑞得了一身病，藥石罔效，日漸沉重。一日，一個

跛足道人來化齋，又稱能治冤孽之症。賈瑞請求道士救命，道士從搭褳中取出一個正反兩面皆能映照的鏡子來，遞與賈瑞。並囑咐不可照正面，只能照背面。賈瑞接了鏡子，向反面一照，只見一個骷髏兒。嚇得賈瑞忙反了過來，正面一照，這下卻見鳳姐站在鏡中向他招手。賈瑞心中一喜，蕩悠悠感覺進到了鏡子裡，與鳳姐雲雨一番後，鳳姐再送他出鏡來。如此三番幾次後，這回賈瑞剛要從鏡中出來，只見兩個人走來，拿鐵鎖把他套住，拉了就走。現實中在旁服侍的奴僕上來一看，賈瑞已然嚥氣。

　　跛足道士的風月寶鑒，一面色相，一面本相。反面一照可見鏡中一骷髏兒，不正是「白骨觀」的概念！「修行者，起不淨想時，先往塚間，觀不淨相。」佛教修行的諸多法門之一「白骨觀」要諸生從死屍的皮肉筋血消失後所呈現出來的骨骸關節進行觀想。《紅樓夢》裡，聰明、刁鑽又高傲的王熙鳳，除了是女強人外，顯然也是風月場中一老手。窩囊、猥瑣，卻又深陷情慾的賈瑞當然難入鳳姐法眼，偏偏鳳姐不以榮國府當家的氣勢直接給予教訓，反而設下陰險毒辣的圈套引誘他自投羅網，以致喪命。正應了一句老話：「最毒女人心。」

　　雖然維納斯的梳妝鏡沒有現出骷髏相，神話故事裡的維納斯卻更加虛無。話說憤怒的大地之母蓋婭給了小兒子克羅諾斯一把鐮刀，命令祂割下祂的父親——天空之神烏拉諾斯——的陽具。克羅諾斯將父親的陽具割下後丟入大海，大海湧現泡沫，在泡沫中愛與美女神阿芙柔黛蒂誕生——阿芙柔黛蒂的希臘文字源就是「泡沫」，祂在羅馬神話裡稱為維納斯。

火星（♂）

　　火星旅行、火星移民、火星人入侵地球，這一類的遐想以至科幻作品從很久以前就一直是廣受歡迎的題材。除了因為火星的公轉軌道距離在太陽系中排在第四，與地球相鄰，也因為早在十九世紀末天文學家們對火星的觀察中曾誤以為火星上有運河存在。運河的建設必然來自於智慧生物與文明，也因此引起人們對火星的濃厚興趣和豐富想像。當然，時至今日，火星探測器已經登陸到火星的表面上，證實火星上並不存在運河，暫時也還沒有找到智慧生物。

　　雖然火星與地球在物理上有許多相似之處，近代人們也一直存有移居火星的想像，但是，兩者最大的不同在於，地球是藍色星球而火星是紅色星球（Red Planet）。從地球上觀測，火星呈現淡淡的橘紅，中國的五行學說認為紅色屬火，於是中文名為火星。另一方面，所觀察到的火星，明暗亮度的變化非常之大，因為熒熒如火，亮度的變化又讓人難以捉摸，中國古代也稱之為熒惑。不僅在中國，在印度和一些西方的文明中，也都視火星為不祥徵兆，常與疾病、飢荒、戰爭、殺戮連結。祂的西洋名稱（Mars）也是源自羅馬神話裡的戰神瑪爾斯，軍人的守護神。也因此，世俗占星中的火星除了象徵暴力事件、犯罪外，也代表軍隊。

　　從色彩學的觀點來看，黃赤色系的心理個性包括有：衝動的、活潑的、開朗的、熱烈的、歡樂的，帶來忌妒心與競爭的野心。火星在占星學上的自然徵象也包括：競爭、衝突、暴力與犯罪。在個人占星中，火星與一個人的勇氣、行動力，和求生意志有關；也和慾望、性愛，以及日常工作有關，並且延伸到與同事的關係，或者是競爭對手。從命盤中火星的狀態也可以看出一個人如何面對挑戰和處理危機。以美國知名的資本家、投資者，曾任微軟董事長、CEO和首席軟體設計師的比爾‧蓋茲為例，他出生時的火星落在天秤座，於是火

星所代表的原始慾望和戰鬥力受到天秤座的優雅與禮儀所包裝，在奪取資源時會更懂得運用外交手腕。他曾經在受訪時提到過自己的成功要點，其中很重要的一項是「與人合作」，與人合作也意味著善用資源。檢視蓋茲從青年時期到登上顛峰的歷程，他既不是個冒進的人，又不願意屈居人下、替人打工，而是一次又一次選擇與人合作的機會，壯大自己。十足的火星天秤表現！不過，天秤座的特質除了合作外，也代表平衡與正義，火星走到天秤座屬於落入「失勢位置」。蓋茲的失勢火星又與第十宮內的月亮對衝，從1990年代開始，不斷擴張的微軟面臨了美國政府提出的反壟斷訴訟，糾纏多年。

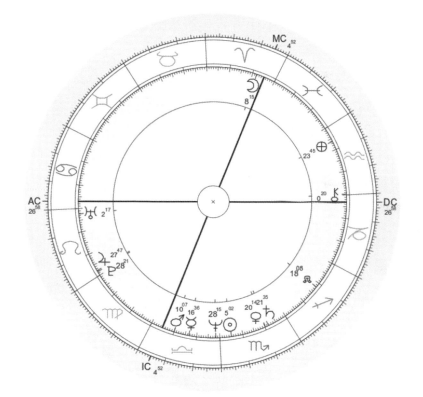

星圖三・前微軟董事長、CEO 比爾・蓋茲（William Henry Gates III）

讓我們再看看柯市長和侯市長的出生火星。柯市長的火星在處女座、侯市長的火星在巨蟹座——處女座的緊張與不安結合火星的衝動與暴躁，火星處女座的人常帶有易怒的個性，甚至會有些神經質的表現，或者是愛嘮叨。同時火星落在處女座的人也比較務實，實事求是，也喜歡事前做好計劃。不同的是，巨蟹座帶有多變且難被窺探的內在，情緒常在兩極間擺盪而有著不同的行為模式。火星巨蟹座的人對周遭的人事物較敏感，遇到困難時也知道避其鋒芒，或者採取迂迴戰術。有興趣的讀者們不妨從諸多媒體的相關報導中去比較、領會，是否與您所認識的兩位市長有幾分符合。再從另一個角度看，處女座是土象星座，巨蟹座是水象星座，四元素中的土元素和水元素是「相稱的」。雖然兩位市長的工作方式和行事風格迥異，卻可以在多方面相互配合。

熒惑守心

2016年4月中，火星在射手座8.5°由順行轉為逆行，這一年年初的台灣選舉中民進黨大勝，到了五月，民進黨政府正式上台，第一次完全執政。好一陣子，台灣的媒體、雜誌就此出現各種討論，附會說：政黨輪替的災祥早現，因為四月的夜空出現傳說中的熒惑守心現象。「熒惑守心」指的是，火星（熒惑）在心宿內由順行轉向逆行或者逆行轉為順行的現象。這在古代中國被認為是大凶之兆！這是由於，一直以來火星就被視為旱災、戰爭的代表，而二十八宿中的心宿則象徵東方「蒼龍」的心臟，甚至將心宿內的心宿一、心宿二和心宿三對應到太子、帝王和庶子。因此，熒惑在心宿中的運行方向改變也就被認為是「易政」的徵兆。不過，現今世界各國在政治上實施選舉制度者所在多有，政黨輪替也是屢見不鮮，再以熒惑守心來附會易政，思想未免陳腐。

除了美國的九一一事件以及隨之而來為推翻塔利班政權發起的
阿富汗戰爭，2001年還發生了一起皇室血案，倒是可以做為熒惑守
心的談資。這起皇室血案發生在尼泊爾的王宮裡——2001年6月1日
晚上，王儲狄潘德拉在家庭宴會中開槍射殺了尼泊爾國王畢蘭德拉和
王后艾西瓦婭，之後王儲也自殺了！儘管有倖存的目擊者公開證實王
儲狄潘德拉就是槍擊事件的元兇，還是有許多尼泊爾人並不相信官方
的報告，認為這仍是一個謎。陰謀論也就甚囂塵上，有人懷疑，是國
王畢蘭德拉的胞弟為篡位而殺害了老國王與將繼任者的王子。後來，
這起事件還間接導致了2008年5月尼泊爾廢除了君主制。查看星曆表
可知，血案發生時，逆行的火星正朝向心宿接近。2001年7月20日
火星在射手座15°由逆行轉為順行，而現今心宿的範圍正好是在回歸
黃道的射手座8°到15°之間。逆行的火星在剛碰觸心宿邊界就轉向離
開，也許這並不能算是真正的熒惑守心現象，不過，再配合上這一年
尼泊爾首都加德滿都的夏至日日食天象，幾重徵象下也堪可註釋悲劇
一二了。此待〈月亮交點〉一節再述。

木星（ 2 ）

　　木星是一顆氣體行星，也是太陽系中體積最大的行星，觀測中所見略呈青色。中國的五行學說以青色對應「木」，所以中文稱爲木星；西方文明則以羅馬神話中的眾神之王Jupiter（中譯：朱庇特）爲其命名。在神話中，朱庇特具有無上的權威和力量，常對弱者提供援助，是正義的象徵。但是，對於作惡的人，朱庇特也會降下災禍，給予懲罰。占星學中的木星代表擴展的力量，會帶來幸運和成長；負面的特質則是過度樂觀、放縱、膨脹。世俗占星中，木星常代表國家的財富或聲望，以及司法系統，或是宗教；個人占星中，命盤上的木星指出一個人可以在哪一領域得到幫助，祂的狀態也會對一個人的宗教信仰、高等教育、長途旅行帶來影響。人際關係上，木星的徵象主要在於他與師長的關係，或是生命裡的貴人。又由於木星愛好自由、探索未知的冒險特性，再加上神話故事裡朱庇特多情而風流的行徑，在本命或流年占星中，木星也常與外遇事件相關連。前文提及影星伊莉莎白·泰勒的出生金星與木星呈三分相（參考星圖七），同時，木星又與月亮形成緊密的四分相，這些徵象都暗示了泰勒多次婚姻以及外遇的可能。

　　流年占星中的木星除了帶來自信和積極主動的態度外，也可能因爲過度自信、擴張，勇於冒險而無法聽見旁人的忠告。讓我們再看看上文「金星」一節中提過的台灣女藝人的案例（參考星圖二）——2019年不倫戀爆發之前，行運木星剛走過她的出生月亮和天頂位置。行運木星除了爲她帶來大膽冒進的行徑外，行運木星也可能代表一位風流多情的男主；木星還可能是爆料的出版業者。再舉另一位女性朋友的案例——在行運木星合相她的出生太陽那段時間，與男友吵架，終致分手。雖然木星在傳統上被認爲是大吉星，行運的木星走到出生太陽的位置時也的確可能爲某些個案帶來自信與擴展生活領域，

甚至可以在個人的事業上帶來好運和發展機會。而對於追求精神圓滿的人，也許在這個時機點碰到引領他成長的心靈導師——木星常代表一位精神導師，或是大學教授。不過，行運木星與出生時的太陽會合也常給人帶來自我膨脹，或是追求自由的冒險行動。當行運木星來臨前，準備好；行運木星來臨時，把握機會去實現計畫。但是，要注意風險。如同多數占星因子，占星學上的木星除了大吉星的傳統象徵意義外，還包含許多不同面向的象徵意義，包含負面的。

太歲

中國自殷商時期就有「十二次」之分（次：駐紮、止宿），由木星每十二年運行一周天的規律而將黃道帶均分成：星紀、玄枵、娵訾、降婁、大梁、實沈、鶉首、鶉火、鶉尾、壽星、大火、析木，共十二等分，近似西洋占星術的黃道十二宮。而木星每年行一星次，約十二年繞天一周，與十二年一循環的地支紀年之數相等，故木星在中國古代被稱爲歲星。而中國數術常提及的「太歲」，原本只是虛星，帶有流年行運的概念。不過，在後來的演變中，太歲在民俗觀念裡帶有了神格——「太歲者十二辰之神。」木星與太歲被認爲是同軌道但運行方向相反，木星在黃道帶上按白羊座、金牛座、雙子座、……十二星座順序行進；太歲則依子、丑、寅、卯、……十二辰順序，一年由一辰輪值。從中國的星學論命所排出的星盤上就可以清楚看到，地支以順時針順序排列，木星在黃道十二星座則以逆時針方向前進，兩者方向相反。但是，後來又有些人將歲星（木星）與民間信仰的太歲混同。

坊間還有一種說法是，子年木星在丑；辰年木星在酉；寅年木星在亥；卯年木星在戌……，木星的位置就在值年地支的「六合」

位。但是，邏輯上總令人感到疑惑。因為木星每年有長達四個月的時間處於逆行，所以，木星常是年初與年中之後在不同星座。例如：2000年，辰年，木星在「雨水」之後進入回歸黃道的金牛座（酉宮），符合「辰酉六合」。但在「小暑」之後木星就進入雙子座（申宮），一直到次年的立春之前還在雙子座頭逆行中。當然，2001年，巳年，立春時木星已經在雙子座（申宮）頭轉成順行，又符合「巳申六合」。年中之後，木星又將進入巨蟹座（未宮）。除此之外，與一年一輪值的太歲不同，木星雖然被認為是歲星，在黃道帶上走過30°所需要的時間卻是略短於一年。如果將時間拉長看，每八十五年木星會走八十六個30°（星座、星次），不到百年的時間「六合」就不存在了。其實，歲星實際所在星次不需太長時間就出現比人們所推演的星次超前（稱「超次」或「超辰」），這現象古人早已發現，歲星紀年也就被干支紀年取代。

　　以簡馭繁的臆測是渺小的人類面對天理運行僅能有的無奈，敬天畏地、虔誠戒慎則是我們該有的懷抱。民間信仰中，當太歲運行到某支（生肖），生逢該生肖或是對宮生肖者謂「犯太歲」，犯太歲者為避免觸怒太歲而招禍，常會在新年之際祭拜太歲神以期消災，俗稱「安太歲」。這只是一種方便，「有拜有保佑」的心理。若以命理學的觀點來看，太歲當頭坐，未必為禍。《太歲歌》的第一句就說：「最是凶神為太歲，須把宮辰相正配，相生相順福之基，相剋相刑真可畏。」簡而言之，還得看流年太歲（支）填衝釣合起限度的吉或凶而論。

土星（♄）

　　土星上沒有土，土星其實屬於類木行星，與木星同爲氣態巨行星，雖然，內部還是有一個「岩石」核心。土星之名來自觀測中呈現的偏黃色，中國的五行學說以黃色對應「土」，所以稱爲土星。土星繞行太陽的軌道更在木星之外，走過回歸黃道上的一個星座約需兩年半，繞行黃道一周則要花上二十九年半之久。木星與上星在黃道上約二十年相會一次，西洋的星占家們將木－土每二十年一會應用到了政治與經濟占星上，木星與土星合相所在的星座被認爲將代表未來二十年的世界政治氛圍與經濟發展趨勢。例如，1981年1月1日，新年伊始，木星與土星在天秤座9.5°合相，不再持續自1842年以來先摩羯而處女再金牛的木－土在土象星座合相的規律。而風象的天秤座主管外交事務以及重視和諧和公平的特質，爲1980年代的國際政治帶來以和平談判取代冷戰對抗的契機。之後的十年間，蘇聯解體，冷戰結束。在中國，爲了改變過去數十年以來經濟上的封閉狀況，以及對十年文化大革命的撥亂反正，這個時期的鄧小平也推動「對內改革、對外開放」、「解放思想、實事求是」的政策。

　　中國的命理與星占家們也主張：木星與土星每二十年交會，是爲一「運」。更進一步推演，三運六十年是爲一「元」，三元一百八十年是爲「大三元」。到了三個大三元，經過五百四十年，「五百年必有王者興」。五百年也就成了大歷史的節點與一個段落的註解。雖然中國的玄學有「三元九運」之說，不過，上元、中元、下元，這三元各六十年都是自甲子年始至癸亥年終，與木－土會合的週期並不是完全吻合。例如，下元七運開始於1984年，甲子年，這一年木星已經從射手座進入到摩羯座，而土星還在天蠍緩步前行。我們彷彿又看到「木星與太歲六合」的問題。12與30的最小公倍數是60，12與29.5就不是了！更大的不同是，對於世運的預測中國的星

家不以木星與土星合相所在的星座論。舉例說，從1984年到2003年這二十年走下元七運，由「七赤」破軍星當令，對應的是兌卦。這一時期就以破軍星和兌卦的象徵意義來論大勢與各範疇的生、旺、衰、退。

中國古代稱土星爲鎮星，西方文明則以羅馬神祇薩頓（Saturn）爲其命名。薩頓原本是羅馬神話中的農業之神，後來和希臘神話中用鐮刀割下父親的陽具，卻又爲了預防自己的統治權被取代而吞食親生子女的克羅諾斯（Kronos）融合。從神話故事可以帶出土星在占星上的象徵意義——是一股守舊與壓抑的力量，也代表穩定的、規範的，以及必須面對與解決的責任、業力。在生活中，土星也可能代表父親或父權形象的人物，有的時候也指向老人，或是帶來困擾的小人。

土星與伴侶關係

占卜與論命中，男女感情一直是最熱門的諮詢問題。「他愛我？他不愛我？」、「我們什麼時候可以結婚？」、「我們能否白頭偕老？」……等等！如果是星占，許多占星師會先把注意力放在金星和月亮的狀態。金星與社交行爲有關，也主管愛情，能夠指出一個人對於愛情的態度與戀愛運。月亮除了代表一個人的內心需求與安全感外，也會影響到一個人的家庭生活和伴侶關係。但是，若要論親密伴侶間的相處，土星也扮演著不容忽視的角色。雖然土星總帶著冷淡、壓抑的色彩，常在人際關係上抹上無趣的色彩，甚至造成阻礙。但是，土星也帶來責任感以及長時間的穩定，甚至被視爲「業力之星」。

因爲土星的老人形象，一些占星前輩認爲：命盤第七宮（夫妻宮）中的土星暗示命主可能會與年長許多，或是頑固、保守的人結爲

伴侶。不過，到底是年長很多的伴侶？還是頑固、保守的伴侶？如同論斷其他問題，必須先考慮整體命盤的結構。

　　單憑落在七宮裡的土星就大膽猜測伴侶的老少美醜，也許偶爾有驗，卻不能鐵口直斷。舉一個老少配的實例，美國第四十五任總統唐納·川普與他的第二任妻子瑪拉·安·梅普斯——梅普斯是美國女演員、電視節目主持人，她比川普年輕了17歲，兩人維持了六年的婚姻。這一樁老少配的案例中，年長的丈夫川普，也是公認的保守主義者，卻沒有以土星之姿出現在年輕妻子命盤第七宮裡。但是，年輕妻子的命盤第七宮的主星月亮，與第二宮裡的土星同落在水瓶座。十七世紀的占星名家William Lily說：女性的七宮主星的相位，可以看出她的丈夫的狀況。

　　雖然梅普斯出生時的土星並不落在命盤七宮，但是，川普的土、金合相位置卻落在她的七宮內。占星傳統上認為，當甲方的土星落在乙方命盤的第七宮時，甲會給乙帶來束縛，或是讓乙感到壓力。甲方會扮演權威者、管控者的角色。這其中也可能隱含了甲、乙雙方年齡或社經地位上的差距。

　　1993年行運土星在川普的下降點和梅普斯的出生月亮間徘徊，到了12月他們結婚時，行運土星會合梅普斯的七宮主星月亮。占星的觀點表示：土星會讓一個人在某個生命領域中變得更加落實。因此，當行運土星進入一個人的第七宮或開始會合他的下降點時，意味著他會以更明確的態度來面對伴侶關係，或者檢討人我關係是否需要調整。此時的川普就這麼做了！對梅普斯而言，行運土星與命盤的月亮會合，除了帶來壓力與恐懼外，也會給她帶來建構新的自我的責任和能力。

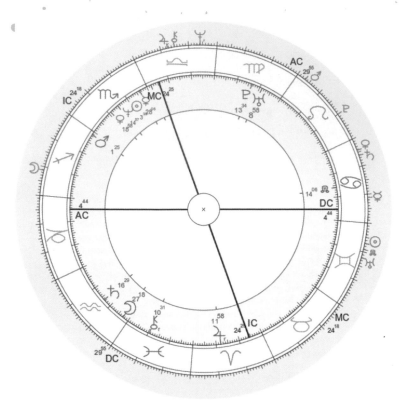

星圖四・美國前總統唐納・川普（外圈）與第二任妻子瑪拉・安・梅普斯
（內圈）

　　梅普斯之後，2005年川普迎來人生的第三春。這一回的女主角
梅蘭妮亞是位漂亮的模特兒，她比川普年輕了24歲。雖然她的出生
時間不確定，但是，太陽與土星合相、月亮與土星三分相，而且月、
土互容，這些星盤配置應該是無庸置疑。這幾個徵象帶來的暗示雖然
多端，年長的男性伴侶爲其中一端。

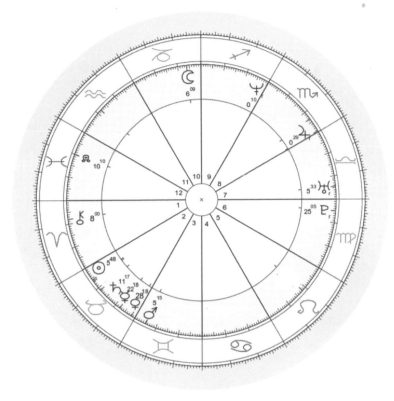

星圖五·川普的第三任妻子梅蘭妮亞（Melania Trump）

　　神話中，薩頓（土星）被祂的兒子朱庇特推翻後逃到了拉丁姆這個地方，並教會了那裡的人民耕種土地，成就了古羅馬的農業技術。那麼，土星這把鐮刀是閹割了父親的鐮刀？還是收割農作的鐮刀？麗茲·格林在《土星：從新觀點看老惡魔》一書中有一段文字：「落在七宮的土星提供了一個機會，讓一個人可以達成內在的整合，平衡對立的兩面，因為他無法在伴侶身上找到自己渴望的特質。較常見的是，他會吸引來某些情況，讓自己體驗到痛苦、孤立、拒絕和失望，直到他開始向內探索為止。七宮的土星帶來的經驗很類似於『聖婚』和煉金術所說的情況，一種內在整合帶來的新的生命意義和平衡感，以及新的精神中心。」分析心理學中的「個體化

（Individuation）」過程，融合了意識的自我與無意識中的陰影，目標是自我實現。但是，在此之前，「痛苦、孤立、拒絕、失望」的體驗猶如煉金的過程，必須先經歷黑暗和死亡。這也就是土星落在命盤第七宮的價值！

　　暫且不談形而上，我們在許多實際的案例中可以發現，流年土星進入第七宮所造成的離婚事件並不會比象徵擴張或冒險的流年木星進入七宮時更高。甚至，川普的例子，土星進入第七宮帶來了婚姻。到了今天，即使心理占星學努力淡化行星的吉凶色彩，土星仍然不被待見，甚至被視如惡魔。本命土星所在的宮位，揭示一個人會特別感受到壓力的領域；行運土星所到之處，也經常會被體認為完成某一特定功課的責任。承擔或逃避，也許不總由意識來決定，土星向來被視為業力之星。

天王星（♅）

天王星被發現之前，中國與西洋的占星術所討論的行星僅限於太陽、月亮、水星、金星、火星、木星、土星。土星是當時從地球上用肉眼所能觀測到的最遙遠行星。雖然天王星的亮度有時候用肉眼也能觀察到，但是，因爲過於黯淡和移動緩慢，在漫長的歷史中一直被忽略，不被認爲是一顆行星。隨著科技進步，人類可以利用望遠鏡進行較細微的天空觀測，到了十八世紀末總算可以確定天王星是太陽系的一顆行星。

共時性現象

當你準備大展鴻圖卻又舉棋不定，前往占卜師處尋求建議。你以誠敬之心抽取出塔羅牌時，不知哪來一隻鳥，悠悠飛進了占卜師的工作室。這位大師瞥了一眼你抽出的牌後，鄭重其事的給了你建議：「暫時不宜做太大的投資，再等更好的時機吧！」如果告訴你，其實占卜師並不是從你抽出的塔羅牌去做判斷，而是因爲趕巧飛進工作室的一隻鳥。你做何感想？原來是，飛鳥入室，當時占卜師心中一動，想起了形如飛鳥的小過卦：「可小事，不可大事！飛鳥遺之音，不宜上，宜下。」

小過卦，大象爲坎，上下各兩個陰爻包圍中間的兩個陽爻。兩陽坎陷於四陰之中，陰勝於陽，是謂「小過」。小過卦也是一個象形卦，中間兩陽爻象鳥身，上下四陰如同一對鼓動的翅膀，整體上來看就是鳥飛的之象，卦辭也以飛鳥爲喻：「小過，亨，利貞，可小事，不可大事。飛鳥遺之音，不宜上，宜下，大吉。」再就二體來看，卦象爲上震下艮，動不離止。止而行，以止爲行。停止、退守就是最好的行動！

好你個江湖術士，信口雌黃啊！枉費我認真抽牌，真是莫名其妙！你是這麼想的嗎？事實上，中國的命相占卜傳統中，除了使用七政四餘、子平八字、金錢卦、梅花易數、抽籤……各種不同工具外，大師們都一致同意「玄機在於心動」。占卜時外界變化所觸動的心靈感受常是判斷裁決的依據，於是，僧道行經可應孤寡，見重山則所問之事多阻隔，忽見落花無依而暗忖虛華無實，日中鼠出要防小人損財……。所謂「三要十應」，各種心法不一而足。

如果難以接受江湖術士的信口雌黃，就來看看近代分析心理學先驅、同時也是精神科醫師的榮格一個廣泛流傳的故事——某天，榮格正和他的一位病患討論她夢中所見的金色甲蟲的象徵意義時，突然聽見背後似乎有什麼東西輕拍窗戶，發出了聲響。原來是一隻甲蟲在他身後的窗台上，試圖進入房間。榮格打開窗戶，趁甲蟲要飛進來之際抓住了它，然後交給他的患者。這次經驗讓接下來的治療工作能更順利進行，這位患者開始對於人類的心靈和精神世界有了新的認識。這個故事導引出榮格的一個結論——「原型」是具有超越性的，可以從心靈內部、外在世界，甚或同時從兩方面，跨越進入意識。當兩者同時發生時，稱為「共時性」現象。

共時性現象不屬於因果關係，而是心靈與外在事件的巧合，「巧合」的基礎是建立在心靈意象和物理世界之上的存有。榮格還認為，占星學也是建立在「共時性原則」與「象徵符號學」之上。基於榮格的共時性概念，占星學界流行一種說法：天王星、海王星、冥王星，這三顆外行星在近代被發現的時機，世界的政經情勢、社會氛圍，以及文化思潮正好符合該顆外行星所代表的象徵意義。

例如，發現天王星的歷史背景是在歐洲科學革命之後，啟蒙運動接棒，一個強調人類理性與知識的時代，對於傳統的社會習俗和政治體制進行檢驗和批判，提倡自由與平等的觀念。同時，第一次工業革命剛剛開始——英國人瓦特改良蒸汽機，生產方式從人力轉向機

器。因此，占星學裡的天王星代表著突破傳統、創新、科學，也與科技產業、航空業相關連。

　　在西方文化中，天王星是太陽系裡唯一以希臘神祇命名的行星，其祂行星則以羅馬神祇命名。天王星的英文名稱Uranus源於希臘神話中的天空之神烏拉諾斯，祂是克羅諾斯（土星）的父親。神話中的烏拉諾斯因為將自己那些長相怪異的孩子關押在地獄，引起了孩子們的母親大地女神蓋婭憤怒。蓋婭給了最小的兒子克羅諾斯一把鐮刀，找了一個機會把烏拉諾斯的陰莖割了下來。被閹割的烏拉諾斯逃回天空後就再也不下來，天與地因此分開。「分離」也就成為天王星在占星上的主要象徵意義——離家、分手，或是革除掉老舊的生活習慣，甚至進行手術，常發生在受天王星行運影響強烈的人身上。天王星會帶來劇烈變動的能量。

　　克羅諾斯（土星）閹割烏拉諾斯（天王星）的神話十分貼切一個案例：中國的現代舞舞蹈家、跨性別藝人金星。儘管身為男性，心理上女性的金星一直希望自己可以在生理上也成為女人。《百度百科》上的資料說，1995年的清明節，金星在北京進行了變性手術，正式成為女性。雖然變性手術成功，但是，手術過程中護士的操作疏忽，金星的左腿被醫療器械壓了16個小時，導致她的左小腿肌肉到腳指尖神經全部壞死。醫生告訴金星，這幾乎不可能恢復。隨後，她被醫生判定為二級殘廢。在持續鍛鍊下，到了1996年1月，金星的小腿才算完全恢復。1995年4月進行手術時的行運土星走在雙魚座18.5°，對衝她命盤上的天王星。同時，行運的天王星也正好走到「平衡點」——命盤上與月亮交點形成四分相的位置——這個時候天王星的特質將被突顯。

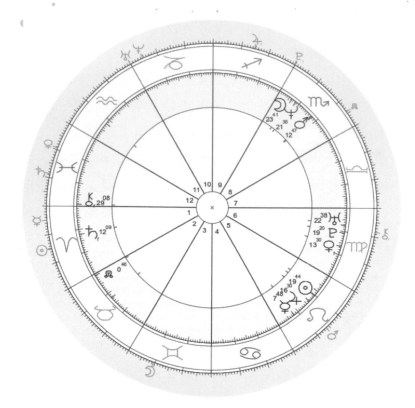

星圖六·中國現代舞舞蹈家金星＋（外圈）1995年4月行運

　　漫長的歷史中土星曾經被認為是距離地球最遠的行星，也是黃道上移動最緩慢的行星。而天王星與地球的距離更遠於土星，在黃道上的行進更慢於土星。天王星在回歸黃道上的一個星座得待上七年的時間，公轉週期則是八十四個地球年，相當於生活在現代社會的人們的一生歲月。天王星的發現對原來的行星家族衝擊最大的應該就是土星！雖然神話裡的克羅諾斯閹割了烏拉諾斯，對於土星和天王星的關係，史蒂芬·阿若優這麼說：「土星結束之處便是天王星的開始，土星標示出了自我意識的界線，也像徵著集體文化的標準和規範。因此，土星是僵固而緊縮的；天王星則剛好相反，是以革命性的衝動來突破老舊的結構。」

天王星在太陽系諸多行星中的最大特異之處是，自轉軸傾斜的角度高達97.8°，遠大於其祂行星，幾近於平躺在黃道面上。於是，叛逆、反傳統，也就成了天王星最容易讓人聯想到的關鍵詞。我們再看看伊莉莎白・泰勒的案例——代表情愛、藝術的金星與天王星僅6'之差合相，給她帶來了個人的獨特魅力外，也帶來不被常人所理解和接受的愛情，包括閃婚、閃離。而且緊密的金天合非常靠近天底，合軸星一向被認爲能對人生起到重大的作用，因此，天王星注定會在泰勒的生命裡，特別是感情方面，帶來重大效應。以下列舉出泰勒每次離婚時行運天王星對命盤的作用——

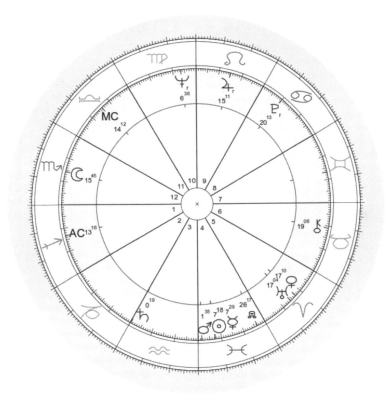

星圖七・知名影星伊莉莎白・泰勒（Elizabeth Rosemond Taylor）

- 1951年1月伊莉莎白‧泰勒第一次離婚時，行運天王星在巨蟹座6°，與出生的日水合相形成緊密的三分相。水星也是泰勒的第七宮主星。

- 1956年10月第二次離婚時，行運天王星在獅子座6.5°，與出生的日水合呈十二分之五相。十二分之五相暗示心理上的缺憾感！

- 1958年3月第三次離婚時，行運天王星在獅子座7°45'逆行，又與出生的日水合呈十二分之五相。

- 1964年3月第四次離婚時，行運天王星在處女座7.5°逆行，與出生的日水合呈對分相。

- 1974年6月與李察‧波頓第一次離婚時，行運天王星在天秤座23.5°逆行，與出生的日水合呈八分之三相。

- 1976年7月與李察‧波頓第二次離婚時，行運天王星在天蠍座3°逆行，與出生土星呈四分相；與出生的火、日、水星群形成三分相，火星是她的第五宮和十二宮的主星。

與李察‧波頓第二次離婚後的幾個月，伊莉莎白‧泰勒就與曾擔任美國海軍部長的政界人士結婚。之後還因為丈夫參選維吉尼亞州眾議員並當選，泰勒成為眾議員夫人。行運的天王星與本命土星形成相位，除了帶來對工作或社會地位的不安全感，更要注意，此前和之後的天、土形成相位時所發生的事件。二十年後，天王星將走到出生土星的位置，她將第八度，也是此生最後一次離婚。

- 1982年11月第七次離婚時，行運天王星在射手座3.5°，與火、日、水星群形成四分相。

- 1996年10月31日第八次離婚時，行運天王星在水瓶座0°50'，與出生土星緊密遇合。泰勒的最後一任丈夫是一名建築工

人，比她年輕了20歲，兩人於戒酒戒毒中心認識。土星的重要意涵之一是：藉由生命中不斷重複的課題來完成靈魂在此生的學習目的。伊莉莎白‧泰勒最終是以天王星的覺知突破障礙，完成此生的課題。

海王星（♆）

　　十八世紀的晚期到十九世紀中，歐洲歷史上的浪漫主義流行，被認爲是對啟蒙運動的反思。啟蒙時代的思潮強調人的理性與科學，浪漫主義則重視人的感性、直覺、和想像力，用藝術、文學反抗第一次工業革命以來機器對於人的制約，以及回歸到對自然的尊重。有些浪漫主義文學家的作品是植基於超自然、神祕學、人類心理學，題材則包含旅行、自然、神話，甚至一些作品裡瀰漫著陰暗的色彩。到了1847年，共產主義者同盟——鼓吹推翻資產階級政權、建立無產階級的新社會——在倫敦成立，並且於1848年參與了波及整個歐洲的革命浪潮。同時，對於現代歷史影響巨大的《共產黨宣言》出版了。恰巧在此之前的1846年，發現了海王星！這一段發現海王星的歷史背景也給出了海王星在占星上的主要象徵——直覺、感性、浪漫、想像力，以及理想、狂熱和混亂，消融固有界線，還包括欺騙和自我欺騙。

　　即使是天文學上發現海王星這一件事，在之後也被認爲是一個美麗的誤會。因爲，當時的天文學家們在觀測天王星的運行時，認爲應該有一個更遙遠的行星在影響著天王星。於是，運用科學方法計算出這顆更遙遠行星應該有的質量和軌道，並且開始搜尋。也眞的在預測的路徑上發現了這顆更遙遠的行星！但是，後來對於海王星的進一步研究中發現，科學家們當初在做預測時，計算所套用的預估質量、軌道距離等，與這顆眞實的海王星狀況有所落差。只能說，發現海王星，是因爲祂想讓你發現祂。占星上，海王星也常帶來美麗的誤會。

　　1846年發現的太陽系第八個行星，最終以羅馬神話中的海洋與湖泊之神尼普頓（Neptune）命名，中文稱海王星。天文學和占星上則選用了希臘神話中的海神波塞頓（Poseidon）所使用的三叉戟（♆）做爲海王星的符號。波賽頓的神性廣泛而複雜，祂能帶來清泉

澆灌大地，使農民五穀豐登。當祂憤怒時，揮動三叉戟又能輕易掀起滔天巨浪，引起風暴和海嘯使大陸沉沒、天地崩裂，甚至能引發震撼整個世界的強大地震。1999年，台灣發生九二一大地震的時間點，海王星正好位在地震區域的下降點上。上升、天頂、下降、天底，這四個位置在占星學中一直被視為敏感點，當行星接近時特別容易引進該行星的能量，帶來好的或壞的效應。而在地震之前，天王星與南月亮交點已經形成合相一段時間。這個時間，太陽趕來與天王星、南月亮交點形成了135°的八分之三相位。天王星合相南月亮交點常帶來突發的意外；八分之三相位會將掩藏、累積了一段時間的能量突然釋放出來。

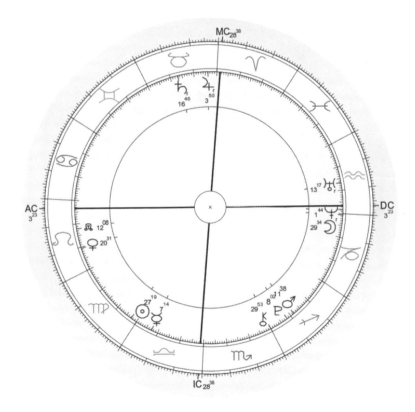

星圖八 · 1999年台灣九二一大地震時台中地區星圖

波塞頓在2011年3月又一次舞動三叉戟，引發了巨大海嘯，震撼東日本，造成嚴重的人命傷亡和財產損失。這一次東日本大震災發生時月亮與海王星呈現四分相，並且分別和天秤座裡逆行的土星形成了八分之三相位。世俗占星中，月亮代表百姓、人口；土星除了象徵穩定，也代表死亡、結束、業力。這次震災與海嘯造成近兩萬人死亡、數千人失蹤。雖然此次災難發生當下的上升、天頂、下降、天底這四個點並沒有行星碰觸，但是，災難之前的月食發生時，火星正好位在當地的下降點位置。

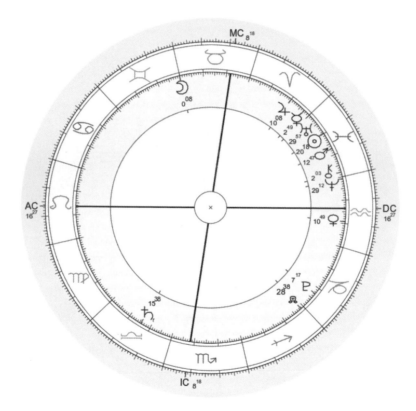

星圖九·2011年3月11日東日本震災當地星圖

　　針對地震、水災之類天然災害的研究，占星學家們認為：災害常與事發前當地的日、月食所呈現的凶兆有關。2011年3月東日本大

震災前的那次月食發生時（2010年12月21日／冬至前夕），火星正好位在震災當地的下降點，木星和天王星則位在天頂位置。又是關係到四個敏感點！同時，月亮與天王星呈四分相，並且又分別和位在天蠍座的四宮主星金星形成了八分之三相位。又是八分之三相！世俗占星中的四宮代表國土、海疆。月食當時，落在八宮（水瓶座）尾巴的海王星、凱龍星合相，也與上升點形成八分之三相。

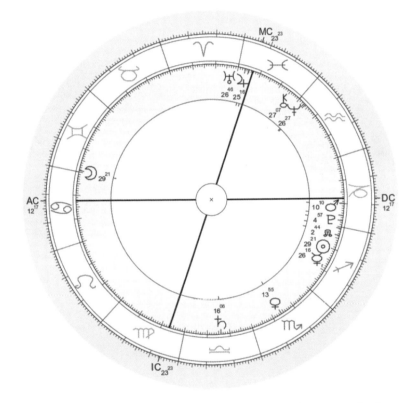

星圖十・2011年3月11日東日本震災之前當地的月食圖

不過，就像水星逆星造成飛機失事的都市傳說，對於科學主義者來說，將地震發生與海王星連結，過於牽強附會，根本就是妖言惑眾。並不是每次地震都能看得到海王星的特殊表現，也不是每次海王星位在某些特定位置就一定會發生地震！不是嗎？不過，誠如科學哲

學家費耶阿本德的提醒，如果僅以科學作為指導社會發展的唯一主流思想，將會是一種專制，甚至是霸凌。儘管科學成功解決過許多問題，也為人類的日常生活帶來許多便利，卻又在精神上帶來制約與窘迫。我們必須接受玄學不是科學，玄學的價值也有別於科學。在命相占卜中，普遍存在著「一象多應、多象應於一」。

世代行星

在天王星、海王星、冥王星被發現後，星占有了更多可用徵象。但是，在土星軌道之外的這三顆行星繞行黃道一周所需時間相當長，海王星要花上165年，平均十四年左右才能通過一個星座。十四年，約略等於人類社會的一個世代。例如，《X世代：速成文化的故事》一書的作者就是將1960年代後期到1970年代的十幾年間出生的孩子定義為「X世代」。於是，有些星學家將天王星、海王星、冥王星歸類為「世代行星」，指的是，出生在某一段時間範圍內一整個世代的人在命盤上有著相同星座的天王星、海王星，以及冥王星。而將太陽、月亮、水星、金星、火星歸類為「個人行星」，關係到道德或社會規範的木星、土星則屬於「社會行星」。

既然海王星通過一個星座的時間相當於一個世代，那麼，我們可以用海王星在某某星座來代表這一時期的青壯年？還是出生於這一時期的新生兒？就以1970年海王星開始進入射手座為例——在象徵夢想的海王星鼓舞下，冒險英雄射手座如飛箭般射向太空。這一時期，美、蘇的太空競賽達到頂峰，人類也多次實現了登月的壯舉，十分符合海王星在射手座的象徵意義。反觀這個時期出生的X世代的孩子們，到了1990年代，開始進入職場拼搏。從1991年出版的《X世代》作者眼光看來，這一代（美國）人，相較之下低薪、福利差，很大數量只能從事服務業。他們喜歡價格不高的流行商品，也容易受到

大眾媒體所影響，影響消費習性外，還影響他們的人生觀。許多X世代在成長後感到沒有未來！這些描寫似乎很難與海王星在射手座連結，反而有幾分海王星在摩羯座的味道。許多人主張，一個人出生在怎樣的時代背景下，就會帶有這個時代的特質！但是，時代的特質可是由時代的青壯年所創造，這個時代的新生兒在成長後將會繼承什麼遺產可不一定，甚至兩個世代間的社會人格相左也並不稀奇。畢竟，「正、反、合」的對立統一規律常見於歷史發展的長河。而回歸黃道上的十二星座也是陰、陽交替，每一個星座都是前一個星座的反動。

　　三王星畢竟是移動非常緩慢的行星，例如，海王星一個月大約只在黃道上移動1°的距離。因此，相差一個月出生的人，命盤上的海王星位置並沒有什麼差別。但是，地球自轉一天一周，上升點在黃道上的位置約四分鐘就移動1°。即使是同一個小時出生的人，海王星所在的後天宮位也可能不同，也就會影響到不同的生活領域。三王星在本命盤上所在的後天宮位帶給一個人的影響會比所在星座的意義更明顯。

冥王星（P）／（♀）

　　二十世紀初，天文學家推測在海王星之外應該還有一顆行星。1930年觀測到冥王星，並認為該天體就是搜尋中的太陽系第九大行星。1930年正是全球性的「經濟大蕭條」開始時，國際貿易大衰退，各國的失業率飆升，人均所得銳減，農產品價格崩跌。全球經濟衰退，對已開發國家和開發中國家都帶來了毀滅性的打擊。在占星術中，這個時候發現的冥王星首先就象徵了毀滅與重生，同時也帶來轉化的力量。

　　當發現冥王星的消息傳出，轟動了全世界，並從世界各地收到超過千則的命名建議。最終是以冥王普路托（Pluto）命名此行星。羅馬神話中的冥王普路托是陰間的主宰，祂常與財神Plutus混同。所以，普路托除了和死亡相關外，也掌管地下礦物與財富，並從地下賦予人間收成，因為祂的妻子普洛塞庇娜也是農業女神的女兒。

　　雖然，發現之初，以冥王普路托為名的建議是出自一位十一歲的孩童，卻廣為各界接受，神奇的是，冥王的形象卻又神祕的契合了日後冥王星在占星應用上的象徵——深深的掩埋、宿命的危機，也與暴力、控制有關，包括性暴力。因為，神話中祂以強迫手段搶了農業女神的女兒普洛塞庇娜為妻。在心理層面，冥王星也代表一個人內心所隱藏、壓抑，以及不能說的祕密和不願意面對的深層心結。例如，曾經一位台灣富少涉及多起迷姦，並拍攝成性愛影片。該名富少的命盤上除了金星緊密合相火星外，金火合相又和冥王星呈現150°的十二分之五相位。白羊座裡的金火合突出火星的侵略性和掠奪性，特別是在性愛上。冥王星的十二分之五相則反映出埋藏在他內心裡的自卑情結和扭曲的意志，也是他童年境遇的圖像。

冥王星式地底的、深層的、暗黑的力量與隱藏於原子中心的核能頗能類比。就在1930年發現冥王星之前到之後的幾年間，科學家正熱衷於人造核反應與進行核分裂的實驗。雖然，到了二十一世紀人類已經高度依賴核能，約十分之一的電力來自核能電廠，但是，核反應還不是人類百分之百能夠掌控的技術，不幸失控時所帶來的災難也不同於地震、火災的摧毀，而是一種湮滅與死寂。核反應後的放射性廢料處理，也一直存在著政治和道德上的爭議。就如史蒂芬·阿若優所說：「運用冥王星能量的人，必須具足精神修為，才能善用這股深遠而巨大的能量。」

不僅冥王星，三王星與核原料似乎都有著糾纏不清的因緣——1789年鈾元素（Uranium）被發現時，科學家有意識的以八年前發現的天王星（Uranus）之名命名這種新元素。到了1945年，現代人類第一次在戰爭中使用的原子彈「小男孩（Little Boy）」，就是鈾元素的核分裂應用。鈾之後合成的超鈾元素錼（Neptunium）則以海王星（Neptune）命名。之後，1940年合成的鈽元素（Plutonium）則以1930年剛觀測到的冥王星（Pluto）命名。另一顆摧毀長崎的原子彈「胖子（Fat Man）」使用的則是鈽元素。

在日本時間1945年8月6日上午8時15分，美軍在廣島投擲下原子彈「Little Boy」，造成廣島市超過十萬名居民死亡。此一時刻，代表鈾元素的天王星正好位在廣島的天頂位置，「Little Boy」震驚了日本，也迅速結束了拖延已久的二戰。同一時間，月亮與土星緊密遇合，冥王星與太陽呈3°之差的合相。回溯到四天前的8月2日，關島的美軍司令部發出執行轟炸任務的極密指令時，太陽正好走到暗黑的冥王星所在位置。太陽，從很早以前就是日本的代表圖騰。

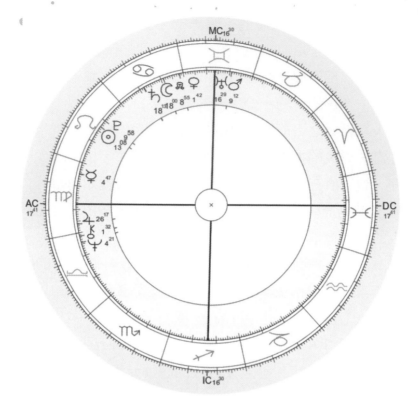

星圖十一．廣島市原子彈爆炸事件星圖

　　另外一件有著類似占星徵象的核事故是發生在1986年4月26日的車諾比核能發電廠爆炸，這也是史上最嚴重的核電廠意外事故。此次事件造成的死亡人數難以精確計算，即使到了二十一世紀的前期，包括俄羅斯、烏克蘭、白俄羅斯，仍在為清理核電廠爆炸事件所帶來的汙染問題以及所引起的健康問題付出極大代價。爆炸發生時間，凌晨1點23分，天王星緊密合相上升點，冥王星則與太陽形成緊密的對分相。

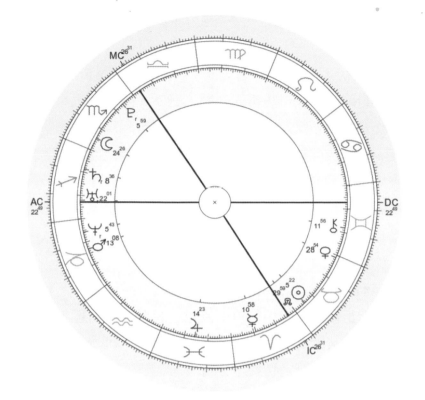

星圖十二・車諾比核能電廠爆炸事件星圖

　　冥王星繞行黃道一周需要花上248年，但由於軌道是高度偏心的橢圓，而且相對於黃道面存在17°的高度傾斜，所以通過一個回歸黃道星座快的話十二年（天蠍座），慢的話要花上三十三個地球年（金牛座）。冥王星又因爲離心率高，祂的軌道的一小部分比海王星軌道更接近太陽。到了二十世紀末，冥王星被認爲是科伊伯帶天體。天文學家也在科伊伯帶發現越來越多與冥王星大小相似的天體，甚至有些比冥王星還大得多。冥王星身爲太陽系第九大行星的地位因而受到挑戰。到了2006年，國際天文聯合會正式給「行星」下了定義，之後冥王星就被排除在行星類別之外，而被歸類爲「矮行星」。即使天文學上不再被列入行星行列，占星學上對冥王星的應用卻方興未艾。

凱龍星

　　十九世紀初，天文愛好者對於搜尋太陽系裡新的行星興致高昂，當時也的確發現了一些新的天體。雖然，除了海王星外，這些天體後來未被天文學界列入行星的行列，而是被稱為小行星。天文學上冥王星被歸類為矮行星後不但不影響祂在占星學上的應用，現代一些占星師還更進一步嘗試運用一些看似對人事影響較大的小行星（例如：婚神星）來做論斷。也許將小行星應用在占星上尚未普遍，也有爭議，但是，對於小行星2060（凱龍星）的討論由來已久，著述也多。

　　1977年發現的凱龍（Chiron）是一顆有高離心率，且大部分軌道在土星和天王星之間的小行星。接近近日點時，凱龍星會呈現出彗髮現象，於是，被認為既是彗星，也是小行星。因為又是小行星，又帶有彗星特質，這般雙重特性十分符合神話裡上半身是人的軀幹而下半身是馬身的「半人馬」形象，小行星2060也就以希臘神話中的半人半馬凱龍來命名。神話裡的凱龍因為出生後的怪模樣把母親嚇壞了，而被遺棄。幸而被太陽神阿波羅所收養，而且在眾神的教導之下學習醫術、武術和各項技能。擁有智慧和各項技藝的神之子凱龍後來成為了多位希臘英雄的老師。一天，祂的學生海克力斯來訪，在飲宴中因為其他的人馬族朋友酒後亂性，引發混亂打鬥。在海克力斯射箭教訓搗亂的人馬時，一支毒箭不小心誤傷了凱龍。九頭蛇的毒素給擁有不死之身的凱龍帶來無止盡的痛苦與折磨。祂請求宙斯，願將自己的不死之身換給普羅米修斯，以解脫痛苦與折磨。神話故事提示了凱龍星在占星上的象徵意義：遺棄、教育、傷害。肉體上的傷害外，心理占星學裡更強調凱龍星帶來的心靈與記憶的傷痛，特別是指，親人所造成的童年生活中的陰影。

　　美國第四十三任總統小布希是常被占星學家們討論的案例之

一。小布希的表達能力不佳，即使已經貴爲總統還是常常在重要場合失言。心理學的探討中認爲，小布希七歲那年，妹妹羅賓因白血病夭折，父母的態度和處理方式在小布希的心裡留下了陰影——在妹妹去世這麼大的衝擊中，年幼的小布希並沒有機會表達出內心的情感。小布希的命盤（參考星圖十五）裡，凱龍星落在代表兄弟姊妹、校園生活，以及學習、溝通的第三宮內。

　　2016年6月10日，美國女歌手圭密（Christina Victoria Grimmie）在所舉辦的小型簽唱會後被粉絲槍殺身亡。當時的過運凱龍星就正好位於圭密出生時月亮的位置上。凱龍星可以代表一名槍手外，某些情況下也可能代表進行手術的醫師。又如，「天王星」一節中提及的中國現代舞舞蹈家金星（參考星圖六）1995年4月進行變性手術時，過運土星靠近本命天王星的對衝位置外，行運的凱龍星也正好遇合本命的天王星。這時候的凱龍除了象徵將被解決的心靈傷痛，也可以代表爲她進行手術的外科醫師。

占星學、神話與象徵

　　行星、星座在占星上的意義有多個來源，包括：天文觀測中所見特徵的聯想，新發現的行星與當代潮流、社會氛圍的「共時性」連結，還有些占星師會以行星的「發現盤」探索祂所代表的意義，又或者是，連結到神話裡的象徵意義。於是，木星連結風流的衆神之王宙斯，金星連結愛與美的女神維納斯，雙子座連結到卡斯特、波呂克斯間的兄弟情誼……等等。小行星2060兼具小行星和彗星兩類星體的特徵而被連結到半人馬的形象，占星上也以神話裡的凱龍爲祂命名。而神話裡賢者凱龍的故事的象徵意義也常能吻合凱龍星在占星應用上所代表的意義。而當初一位十一歲孩童建議以冥王普路托之名爲新發現的行星命名，之後在星占的應用中，冥王星的表現又神奇的契合普

路托的象徵意義。

　　人本主義哲學家，也是精神分析心理學家弗洛姆說：「在原始文化或高度發展的文化（埃及和希臘文化）中，都可以發現包含象徵語言的神話，這些不同文化所運用的象徵其實是十分相同的，都可以溯源於一切文化的人們所共有的基本感覺和情緒的經驗。」神話是一種以象徵語言表現靈魂的內在經驗的故事，而占星術也原屬於一種象徵性的語言，占星符號可以被視爲天上諸神。現代的心理占星學派則將分析心理學的「原型」概念應用於占星符號的詮釋——榮格認爲每個人的心靈最深處都擁有相同的「原型」，是屬於自然的稟賦。原型在夢境和幻想的事物中常以精靈的形態出現，或以神鬼之姿現身。祂的超自然性質有其神祕光環。榮格說，所有的神話、宗教、主義的基本內容都是「原型」的。也因此，以象徵語言傳頌千古的希臘羅馬神話很容易就連結到西洋占星術的元素。

第二章 黃道十二宮

我生之辰，月宿南斗。牛奮其角，箕張其口。牛不見服箱，斗不把酒漿。箕獨有神靈，無時停簸揚。無善名已聞，無惡聲已讙。名聲相乘除，得少失有餘。三星各在天，什伍東西陳。嗟汝牛與鬥，汝獨不能神。

——韓愈《三星行》

退之詩云：『我生之辰，月宿直斗』。乃知退之磨蝎為身宮，而僕乃以磨蝎為命，平生多得謗譽，殆是同病也。

——蘇軾《東坡志林》

當我們認識新朋友時，想要對他有多一點的了解，常會藉由新朋友的生日。例如，生日在三月底、四月初，應該是個樂於嘗試新鮮事物的人，但是，也可能比較火爆、粗心。而四月底、五月初出生的人，就可能比較固執，同時更有耐心……等等！這種粗淺的猜測，是基於太陽在每年的同一陽曆日期會在相同的「星座」，而出生時太陽所在的星座又會對一個人的個性造成相當程度的影響。因此我們可以從一個人的生日知道他的「太陽星座」，再進而做出大概的個性猜想！其實，除了太陽星座，許多星座專家也越來越重視一個人的「月亮星座」和「上升星座」。甚至早在唐朝，韓愈就認為自己的命途多舛與出生時月亮在斗宿脫不了關係。還釣出東坡先生附和說，自己總是遭受排擠打壓，也是拜摩羯座所賜。從留存的文字可知，唐宋名士也愛談星座，而且似乎特別不喜歡摩羯座！

蘇東坡不僅自嘲，還加碼說：「馬夢得與僕同歲月生，少僕八日，是歲生者，無富貴人，而僕與夢得為窮之冠；即吾二人而觀

之，當推夢得為首。」這位馬夢得先生的出生日和東坡先生相隔僅八天，兩人的命盤安排應該是大同小異，很可能也是位太陽摩羯座的窮酸。中國歷史上要論挖苦人，能說出「惟願孩兒愚且魯，無災無難到公卿。」的東坡先生必須排在前三名。我揣度，他的水星落在射手座——詩文多慷慨豪放外，言語如箭、快人快語。黃庭堅還曾評說：「東坡文章妙天下，其短處在好罵。」也難怪能把官當成這副模樣——老被貶。

（如果蘇東坡的出生日期宋仁宗景祐三年十二月十九日正確的話，現代計算所得星圖顯示，水星落在射手座與摩羯座交界處。）

不僅唐宋名士喜歡談論星座，時至今日，許多媒體節目、雜誌專欄，乃至朋友們茶餘飯後也流行星座有關的話題。「星座」到底是什麼？如果我們從地球上觀測並做長期記錄，可以發現，恆星背景下太陽會依循著固定的路徑周期循環，我們將此太陽的路徑稱為黃道。西洋占星學將這一周360°的黃道，每30°劃為一個「星座」，共劃分出十二個星座。這十二個星座各自帶有不同的色彩，因此，出生時太陽在不同星座會賦予一個人個性上的不同特質。當然，我們出生時天空中不是只有一顆太陽，還有月亮、水星、金星、火星、木星、土星，以及其祂一些天體，從出生時太陽所在星座去推測一個人的個性，只能算是一種個性的大分類吧！占星學裡還有更多因子都會對一個人的行事風格、人生方向，以及之後的人生經驗帶來各個面向的影響。

另一方面，也有許多人對「十二星座」，乃至占星術抱持著質疑的態度，並用現代天文學知識提出反駁。常見的論點之一，黃道帶上其實不止有十二星座，至少還要再加上蛇夫座而有十三個星座。另一個常見的反對說法：以春分點當做白羊座0°並不符合真實的天文現象。關於這兩點最常見的質疑，其實不過是「星座」一詞歧義的問題。

古人觀察天象，會將夜空中比較明亮且相對位置固定的幾個星辰組織成一個群體，並利用其分辨方位，或是估計季節的起始與結束，這麼一組恆星一般也稱為星座（constellation）。同時，人們習慣將星座想像成某種動物、人物，或賦予神話傳說，更進一步以此圖像來命名。星座的組成、橫跨範圍，以及命名，在不同文明、不同時代各有不同。例如，橫跨天球赤道到黃道的蛇夫座，歷史文獻上早有記載，只是在西洋占星學中，蛇夫座在黃道上的部分已分屬於天蠍座和射手座的範圍內，所以，西洋占星術裡黃道上也就沒有蛇夫座了。

而西洋占星術中的「星座」（sign）一詞，並不是指數顆恆星在天空中所排列出的人物、動物圖像，而是以春分點（太陽沿黃道行進自南向北通過天球赤道面的交點）開始將黃道每隔30°劃分出來的十二個區域。也因為星座一詞的歧義問題，有些使用中文的占星師會刻意將「十二星座」一詞正名為「黃道十二宮」。但是，除了黃道十二宮外，占星術裡另有「後天宮位」的劃分，為了避免宮位一詞使用時混淆，黃道十二宮普遍上還是慣常以星座名稱稱呼。

歷史上，春分點的確曾經落在天文觀測上constellation的白羊座，但是，由於物理學上的「進動（precession）」，地球的自轉軸並非永遠指向蒼穹的固定一點，也就有了天文學上的「歲差」現象，造成每年的春分時刻由地球上觀測到的太陽相對於天空中恆星星座的位置會略為向西退行。現在的春分時刻，大約是在每年的3月20日到22日間，太陽相對於天空中恆星的位置早已經落在constellation的雙魚座。但是，占星學的應用上依舊是將春分點的黃道位置定為白羊座（sign）0°，並以此為起點，在黃道上劃分出十二個30°的區域，這種座標系統稱為「回歸黃道」。而以一組組恆星在黃道上排列出範圍大小不一的星座，這種定位系統稱為「恆星黃道」。

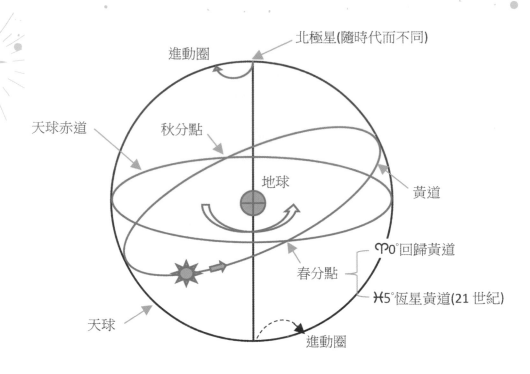

進動下的地球自轉軸指向緩緩變動，天球赤道也隨之「擺動」，赤道和黃道的交點相對於天空中恆星星座的位置也就每年向西退行。

　　回歸黃道除了在占星術上被應用外，與人們的日常生活也關係密切。例如，我們每天生活都必須使用的太陽曆，或是在早期中國指導農、漁作業的二十四節氣。而地理上，春分點，也就是太陽光直射地球的點由南向北移動到達赤道的時刻。此時，晝夜等長。太陽在回歸黃道上的周期運行帶來地球上的四季輪迴和循環。

回歸黃道	符號	星座元素	星座特質	每年大約開始日期	對應中國二十四節氣
白羊座	♈	火元素	開創星座	3／21～	春分→清明→穀雨前
金牛座	♉	土元素	固定星座	4／20～	穀雨→立夏→小滿前
雙子座	♊	風元素	變動星座	5／21～	小滿→芒種→夏至前

回歸黃道	符號	星座元素	星座特質	每年大約開始日期	對應中國二十四節氣
巨蟹座	♋	水元素	開創星座	6／21～	夏至→小暑→大暑前
獅子座	♌	火元素	固定星座	7／23～	大暑→立秋→處暑前
處女座	♍	土元素	變動星座	8／23～	處暑→白露→秋分前
天秤座	♎	風元素	開創星座	9／23～	秋分→寒露→霜降前
天蠍座	♏	水元素	固定星座	10／23～	霜降→立冬→小雪前
射手座	♐	火元素	變動星座	11／22～	小雪→大雪→冬至前
摩羯座	♑	土元素	開創星座	12／22～	冬至→小寒→大寒前
水瓶座	♒	風元素	固定星座	1／20～	大寒→立春→雨水前
雙魚座	♓	水元素	變動星座	2／19～	雨水→驚蟄→春分前

　　十二星座各自有其正面和負面特質，會對落在星座內的行星附加不同的色彩。占星學上則將十二星座以各種方式做出分類，強調類別星座的共同性質。常見的分類法有：三合星座分類法——以火、土、風、水四元素分類；四合星座分類法——以開創、固定、變動三種性質分類。

　　將星座分成開創、固定、變動三類，是以此三者順序對應從白羊座開始的十二星座。於是，開創星座是指以二分二至開始的白羊座、天秤座、巨蟹座、摩羯座，代表四季的開始。因此，命盤受開創星座影響大的人（例如：多顆行星落在開創星座），常表現出領導慾，具創造力，但是，也可能會較自我而任性；固定星座指的是金牛座、天蠍座、獅子座、水瓶座，太陽進入固定星座也就是在一個季節的中間時段。因此，命盤受固定星座影響大的人，常表現出耐性和堅持，具組織能力，但是也較固執而不知變通；變動星座則是指雙子座、射手座、處女座、雙魚座，太陽進入變動星座時，即將季節交換。因此，命盤受變動星座影響大的人，常表現出較強的適應能力與機動性，但是也可能比較沒有主見或不穩定。

四元素

　　古希臘哲學家恩培多克利斯在西元前5世紀提出「萬物之四根」——火，溫暖而光明；風，流動而透明；水，暗而冷；地，重而堅。四根，性質互異，不生不滅，而且性質上不能再細分為更微小的存在，因此又稱為四元素。因「愛」，四種元素以不同比例混合而成萬物（還包括所謂的靈魂）；因「憎」，所結合而成的事物分離而消滅。雖然，恩氏據此而推導出來的宇宙演化論未能被普遍接受，但是，「四元素」說卻是西方神祕學的基石，如同中國的五行學說。五行學說在中國應用到政治哲學、醫學、術數各方面，四元素說在西方文明的發展中也遍及多個方面。四元素可以從不同的面向加以描述——

- ・人的身體上——火元素與人的體溫有關、土元素與人體的結構有關、風元素對應到人的呼吸、水元素則對應到各種體液。
- ・人的能力上——火元素與道德能力有關、水元素與精神層面的領悟力有關、風元素與智力有關、土元素與生理的作用力有關。
- ・人的性格上——火元素與人的直覺（理想）有關、土元素與人的感覺（適應環境）有關、風元素跟理性有關、水元素跟情感有關。
- ・超心理學則描述說，人體之外附有一層又一層的意識體，讓一個人能夠跟不同的存在次元產生連結。史蒂芬・阿若優的《占星、心理學與四元素》一書中有一段文字：「四元素就是這些意識體的動力來源，其中的水元素與情緒體和星光體相連，這種意識能量是由強烈的渴望、感受所掌控。風元素則是跟心智體相連，它代表思維模式和宇宙意識之間的連結。土元素象徵肉身，與感官及物質形式相連。火元素則是

跟乙太體或元氣體相連，其作用是轉化風元素及水元素的能量，以支持肉身的運作。而元氣體與肉體緊緊相連著。」

十二星座從白羊座開始，繞行黃道一周到雙魚座，依次與火、土、風、水的順序與四元素對應。於是，白羊座、獅子座、射手座為火象星座；金牛座、處女座、摩羯座為土象星座；雙子座、天秤座、水瓶座為風象星座；巨蟹座、天蠍座、雙魚座為水象星座。相較於四合星座是以星座的內在驅力來做分類，三合星座則以星座的外在表現方式來做分類。個人命盤上，火象星座強勢的人常表現得熱情、外向、積極、富冒險精神，也比較自我和主觀，喜歡去影響他人；土象星座特質明顯的人常給人穩重、保守、務實的感覺，抗壓性強、有責任感，同時也可能比較被動，事不關己則高高掛起；風象星座影響大的人常給人活潑、難以捉摸的感覺，表現出好奇心重、愛好自由，對抽象的原理或邏輯思考有興趣；水象星座特質較強的人常表現出感性、情緒化、敏感、具同理心、想像力豐富，也許外表柔弱，實則內心十分堅強。

以下先簡述回歸黃道各星座的特質，再特別提示命盤中的太陽或月亮落在各星座的象徵。相對於太陽，月亮的表現是潛意識下的行為模式，源自於「過去」，包括嬰幼兒時期的家庭氛圍，也與母親有關。簡述星座特質後，在各星座各舉一例出生時太陽落入此一星座的名人，以其簡略的生平事蹟對照太陽星座的特質，希望能給讀者帶來「主要關鍵字」外的心領神會。

白羊座（♈）

　　以羊頭上的角和羊臉上的鼻梁為符號；開創的火象星座。在開創和火象的特質影響下，當太陽或其祂行星落在白羊座，宛如新生般，帶著熱情與旺盛的生命力，會沾染上發起、主動的色彩。命盤上白羊座強勢的人（白羊座內有多顆行星），一般會比較自信、熱情、爆發力強，喜歡居於主導地位，但也許持久力不足。如果白羊座內的行星狀態不佳，負面的表現可能會是自我、主觀、急躁、缺乏耐心、脾氣火爆。

　　· 太陽白羊座的名人：曾擔任過七年德國總理的施若德，生日4月7日。在他出生後不久，父親就戰死於羅馬尼亞。施若德曾當過售貨員，同時間為了取得高中文憑在夜校學習。之後以工讀方式完成大學學業，通過律師考試，在1990年之前他一直是一名律師。從政後的施若德被認為富有理想、戰鬥意志強，以及冒險主義色彩濃厚；他的決策常是極具危險性和賭博性的。而施若德的多次婚姻也為他贏得了「奧迪人」的渾號，諷刺他戴了四次結婚戒指，因為奧迪汽車的標誌就是四個圓環相連排成一列。當他有了第五次婚姻時，他又進階成了「奧運人」，因為奧運會以五環為標誌。雖然施若德的婚姻狀況與八宮主星水星落在第七宮，同時，七宮主星金星落在第五宮，有所關連（參考「飛星」一節）——這些徵象暗示多次婚姻的可能；同時，也指出他是個熱情而浪漫的人，戀情上常是一見鍾情，然後劍及履及、展開熱烈追求。當再加上太陽白羊座時，熱烈、衝動，以及自我、缺乏耐心等特質的加乘作用下，也就有了「奧運人」的稱號！

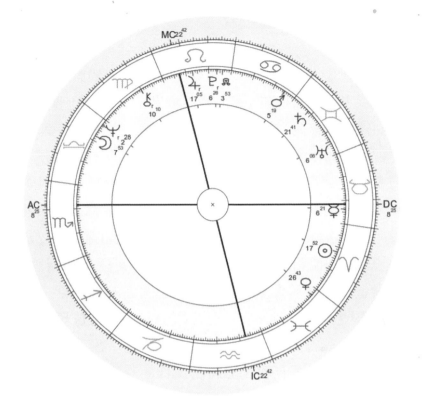

星圖十三．德國前總理格哈特．施若德（Gerhard Fritz Kurt Schröder）

　　如果出生時的月亮落在白羊座，他可能會有一位自主性極強的
母親，影響之下，他也必須早早學習獨立，而且擁有強烈的競爭心。
成長後的白羊月座在親密關係中也總喜歡扮演主導的角色，卻又不願
受到過多干涉，因此，被認為較任性、不夠體貼。

金牛座（♉）

　　以牛角與圓臉爲符號，優雅和善中帶著防衛武力；固定的土象星座。固定星座被認爲是該元素的「組織者」，土象的金牛座一般是以現實的利害做爲組織的基礎。太陽或其祂行星進入金牛座會沾染上穩定、務實的色彩，常是以「擁有」來認知世界，有的時候會因爲過度執著於事物的表面而缺乏想像力。金牛座的特質也包括從容、優雅、固執、保守、謀定而後動，或者說反應較慢。命盤上金牛座強勢的人一般都能刻苦耐勞、平和處事，卻又可能不知變通，以及占有慾強，雖然一般是以溫和方式表現。

　　· 太陽金牛座的名人：以友善和謙遜聞名的美國第三十三任總統杜魯門，生日5月8日。杜魯門的父親是一位農夫，也是家畜商販。杜魯門幼年時期是在農場度過，爲了上學才遷到縣城。22歲時杜魯門辭去銀行的工作，又再回到農場，並在那裡度過了近十年的時光。一戰爆發，杜魯門入伍參戰。戰後退役的杜魯門和戰友合夥開了一家男子服飾用品商店，後來遭逢美國第一次經濟衰退而倒閉。之後才在另一位戰友的建議下投身於政界。占星術在職業的論斷上，與金牛座相關連的工作正巧也包括：服裝設計或銷售、金融業、農業。而在多年努力後，杜魯門坐上美國總統之位。謹愼又果斷的性格讓他在面對險峻的國際情勢時能夠完成許多艱巨任務。杜魯門總統在白宮辦公室內的一句座右銘：「The buck stops here .」（不推卸責任）句中的「buck」是指撲克遊戲中輪到做莊。他還有另一句更廣爲流傳的名言：「If you can't stand the heat, get out of the kitchen.」（怕熱就別進廚房），都表現出金牛座踏實和堅忍的特質。

如果是出生時的月亮落在金牛座，他可能有一位態度堅定而又務實的母親，影響之下，他也能清楚知道自己的需求，而且樂於享受生活。金牛月座一般是從物質上滿足安全感，成長後則發展為：在親密關係中注重感官和肉體上的接觸。另一方面，安於現狀和維持固有模式的渴望會讓他們不願與人太過黏膩，最好是有點黏又不會太黏。

雙子座（Ⅱ）

　　符號象徵並肩的兩個人，合作或是對立？雙子座屬於變動的風象星座。在變動和風象的影響下，當太陽或其祂行星在雙子座時，會沾染上不穩定、靈巧的、輕浮的色彩；除了能以理性處理問題外，也很有彈性，或者說是善變的、狡猾的，也因此對環境有很強的適應能力。雙子座特質強的人常有良好的口才，也擅長處理人際關係和傳遞訊息。而雙子座所代表的二元性也常給人見異思遷、意志不堅定，甚至是牆頭草的印象。

　　・太陽雙子座的名人：美國前國務卿季辛吉，生日5月27日。出生於德國猶太人家庭的季辛吉在二十歲時接受美軍徵召，擔任德語翻譯兵，並以諜報部隊身分被派遣到歐洲戰場。在部隊中，他因優越的洞察力而被賞識，擔任北約間諜學校的教官。後來從事外交工作，他也主張政治和情報應該並駕齊驅，以便能在國際舞台上施展有效的政策。季辛吉更被公認為國際政治學均勢理論大師，其理論所關注的是，美、蘇兩極對抗的國際環境下如何聯合各方力量、建立政治聯盟，以對抗蘇聯的強勢壓力，從而達到兩極相對的平衡。有趣的是，雖然他自認為走的是現實主義的外交路線，進入二十一世紀後，史學家們卻開始熱烈討論季辛吉究竟是「現實主義者」？還是「理想主義者」？季辛吉將雙子座的二元性表現得淋漓盡致。

　　如果是出生時月亮落在雙子座，他的心中對於母親的感受是樂於學習新鮮事物、靈活多變的，或者是一位開明、親子間能夠順暢溝通的母親。又或者他是在熱鬧的家庭裡長大，常見的是兄弟姊妹眾多！因此，雙子月座不喜歡單調的、一成不變的生活，常會把日程表或計劃表排得滿滿。雖然雙子月座的人理性多於感性，對於環境的變化也非常敏感，但是在感情方面卻又總是給人飄盪不定的感覺。

巨蟹座（♋）

符號象徵乳房，或者說是母親的懷抱；開創的水象星座。除了以張開巨螯的螃蟹形象聯想外，巨蟹座也常被形容為浩瀚的大海——豐富多變的內在、潮起潮落的擺盪。太陽或其祂行星進入巨蟹座會沾染上敏感、情緒化的色彩，又由於出於自我保護而顯得封閉、冷漠、執著、多疑；正面的表現則是心地善良、善體人意，以及想像力豐富。另一方面，巨蟹座也會盡力保護「自家人」，卻又可能因為占有慾太強反而給自家人帶來壓力。

- 太陽巨蟹座的名人：曾經壟斷90%美國石油市場的實業家洛克斐勒，生日在7月8日。洛克斐勒給人的印象是沉默寡言、喜怒不形於色，行事異常低調，也極少參予公眾活動或在媒體上曝光。他不煙不酒不賭，生活上嚴格自律，也如此要求晚輩。洛克斐勒並不是一位才華洋溢的人物，只是以系統化、理性而不帶感情的方式處理問題。雖然他的父親被形容為不正直的人，不常在家，還犯了重婚罪。洛克斐勒在二十五歲結婚後，就再也沒有第二段男女關係，直到去世。儘管洛克菲勒的財富曾經對其後輩子孫在商業和政治舞台上提供過莫大助益，洛克斐勒家族也被認為是世界上最強大的家族之一。但是，他一生勤儉自持外，晚年還將大部分財產捐出資助慈善事業，開美國富豪行善之先河。洛克斐勒是美國近代史上最富傳奇色彩與爭議性的人物之一。有位傳記作家形容說：他好的一面實在好到不能再好，但壞的一面，很壞。

特別選取洛克斐勒作為太陽巨蟹座的案例，想要藉此說明的是，占星因子的象徵和表現間的錯綜複雜關係。占星上，太陽代表一個人對於父親的感受，影響的是與父親的關係，同時祂也是一個人的意識。而巨蟹座的敏感、情緒多變，往往僅止於在內心小劇場上演，

外在表現卻是冷漠、封閉，甚至如洛克斐勒般「喜怒不形於色」。另外再舉一個命例！一位太陽巨蟹的前臺北市議員！問政認眞的他因爲被爆是家暴累犯而形象受損，之後又涉及酒駕事件，終致仕途中輟。這也再次說明，論命要綜觀全盤才是。也只有在考量全盤後，才能較準確去判斷太陽巨蟹人會表現出巨蟹座的「顧家、善體人意」？還是「情緒化、缺乏安全感」？

　　如果是出生時月亮落在巨蟹座的話，他們的母親常會是情感豐富的，提供家人細心的照顧。於是，巨蟹月座的人與家庭間有條剪不斷的臍帶，甚至從小就養成了依賴他人的習慣。與雙子月座相反的是，巨蟹月座的人感性多於理性，內心總是波濤洶湧，情緒變化多端。這來源於月亮和巨蟹座間的共鳴和不安全感的相乘。除了表現出多愁善感，或是細心體貼外，在不安全感的激盪下，巨蟹月座一不小心也可能發展爲濫情。

獅子座（♌）

以獅子的心臟、背脊到尾巴為符號；固定的火象星座。這固定的火，絕對不是固定在燭台上的燭火，而是廣場中央的營火——火光與溫暖聚攏了眾人。當太陽或其祂行星進入獅子座時，會感染到愉快、爽朗的氣氛，而顯得熱情、充滿活力、自信和勇於表現。命盤上獅子座強勢的人常會扮演起領導人的角色，總想要主導事情的發展。不過，太過自我中心和優越感作祟下，也常給人霸道、專斷的印象。有創意、戲劇化的行事風格、虛榮心強、耽溺於逸樂，都是獅子座的常見特質。

· 太陽獅子座的名人：美國已故總統約翰·甘迺迪的夫人，賈桂琳·甘迺迪，生日7月28日。賈桂琳出身富豪之家，父親是華爾街的股票經紀人（與獅子座相關的職業）。雖然父親揮金如土、好色風流，卻對女兒十分溺愛，從小就開始培養賈桂琳高貴氣質。賈桂琳的母親則被形容為熱愛金錢超過一切，後來還改嫁一位富有的銀行家，十三歲時賈桂琳跟著母親搬到了華盛頓。童年的生活經驗也造就賈桂琳的價值觀，並且目標明確：要嫁給一個有權有錢有地位的男人。後來，她的兩段婚姻的第一任丈夫是美國參議員（八年後的美國第三十五任總統）約翰·甘迺迪，第二任丈夫是希臘船王歐納西斯。而在甘迺迪總統遇刺身亡時，賈桂琳所表現出來的勇氣令世人讚賞。《倫敦晚報》稱讚說：「賈桂琳·甘迺迪給了美國人最缺少的一樣東西——皇族的威儀。」此外，賈桂琳高貴的氣質、優雅的舉止以及豐厚的知識底蘊影響了同時代的美國人，還曾經被美國婦女公認為60年代的時尚引領者。

女性命盤裡的太陽也指向她的父親、丈夫，除了賈桂琳自身的高貴氣質、「皇族威儀」外，她在獅子座的太陽也象徵她生命裡四個最重要的男人——父親、繼父，和兩任丈夫——證券業者、銀行家、政治工作或領導人都是獅子座在職業上的代表。

　　如果是出生時月亮落在獅子座，他所認識的母親是威嚴、勇敢的，也是家中的堅強依靠。也因此，獅子月座從小就被培養出自信心，樂於表現自我。但是，命盤上的配置如果沒有較好的支持，或是童年受到冷落，在獅子座的負面影響下，成長後的獅子月座可能會發展成以自大掩飾自卑，用誇張、戲劇性的舉止來吸引別人的注意。除了比一般人更強的自尊心外，他也可能會在不經意間表現出專斷獨裁的性格。不過，散發溫暖，或激動時的感染力，才是周遭人們較常接收到的印象。

處女座（♍）

　　有人認為符號代表的是麥穗，有人則看作是少女的頭髮，祂的圖騰象徵則是拿著麥穗的少女。處女座屬於變動的土象星座，變動星座被比擬為該元素的「執行者」。土象與日常生活的關連最深，關注於如何滿足基本需求，如何在現實社會中堅定以達成目標。當太陽或其祂行星進入處女座會沾染上勤勞、認真、謹慎的色彩。命盤中處女座強勢的人擅長於分析，卻又可能過於重視細節，表現出吹毛求疵和鑽牛角尖，甚至被批評為完美主義者。另一方面，因為他們特別注意環境的變化，以及在意朋友的態度，所以常會處於神經緊繃狀態，因果往復。處女座最為人稱道的是，犧牲奉獻的精神，猶如生長出穀物以養活世人的大地。當然，人們必須先要辛勤耕作。

　　．太陽處女座的名人：美國第三十六任總統林登・詹森，生日8月27日。他出身普通的農民家庭，在擔任總統期間，致力於立法以推動政策，因此，他是美國二戰後立法最多的總統。內政上，詹森主要的施政在於推行各項民權法案、福利法案、消滅貧窮法案和減稅法案。他的著名口號是「向貧窮開戰」。但是，強調黑人、婦女、窮人的權利，將大量經費用在貧困階層，也招致「劫富濟貧」的批評，還讓美國內部的分歧越來越大。外交方面，維護民主價值的代價是，曾經美國在「後院」所扶持的一些拉美軍政府逐漸失去對美國的信任，轉而向蘇聯靠攏；軍事上，越戰不斷升級，在他任內投入越南戰場的美軍大幅增加，而且傷亡慘重，也迫使他放棄再參選連任。而且在他卸任時，被認為是美國歷史上最不受歡迎的總統。不過，詹森在國內推動立法以保障民權、降低犯罪，以及推動聯邦醫保、醫療補助，社會保險上的重大影響，讓多數史學家對於他的評價還算正面。

如果是出生時月亮落在處女座，他所感受到的母親是堅守本分、任勞任怨，日常生活總是一絲不苟。因此，處女月座從小就被教導成有禮貌、守規矩，也懂得傾聽與回饋。但是，負面影響下的處女座月亮，可能會顯得自信不足，容易緊張，或是對周遭的人要求嚴苛，總是挑剔些枝微末節。因此，處女月座的人，在待人處事上講究禮節的同時，也可能給人疏離或是慢熱的感覺。處女座是由水星所守護的土象星座，理性與務實之外，一般的處女月座在生活中崇尚儉樸。

天秤座（♎）

　　以秤為符號，上半部是希臘字母Ω，代表衡量；下面一橫象徵平衡。天秤座屬於開創的風象星座，當太陽開始進到天秤座，陽光直射地球赤道，也就是秋分時節。「秋分者，陰陽相半也，故晝夜均而寒暑平。」太陽或其祂行星進入天秤座會沾染上均衡、和平的色彩。但是，如果太過強調兼顧各方，也會變得猶豫不決，或多慮而反覆，甚至虛偽而不真誠。命盤中天秤座強勢的人擅長溝通、協調、建立合作關係，卻又可能懷抱著理想主義而忽略現實的不完美。除了良好的交際能力，天秤座也代表公平正義。

- 太陽天秤座的名人：帶領印度獨立、脫離英國殖民統治的聖雄甘地，生日10月2日。他在十九歲時留學英國，學習法律。回到印度後，他參與國大黨的獨立運動，以公民不服從、不合作，和絕食抗議的政治主張，獲得世界關注。他的非暴力哲學思想影響了全世界的民族主義者，以及爭取和平變革的國際運動。甘地說，他的價值觀就是「真理及非暴力」。不過，早在1893年時，曾有一家印度公司派甘地到南非工作。他看到印度移民在南非的公民自由和政治權利很大程度上被剝奪，於是開始抗議和遊說，反對針對在南非印度人的法律和種族歧視。因此後來有人批評，他的抗議並沒有包括全體非洲人。除此之外，甘地也曾試圖證明雅利安人作為一個種族應該得到更好的待遇，這也讓他在後世被某些人士批評為種族主義者。由此也可以看出，同是風象的天秤座和水瓶座的差別！出生在二月中的林肯的太陽就落在水瓶座。

　　如果是出生時的月亮落在天秤座，他的母親通常會是優雅、和善，能夠顧全大局的。在這樣的環境成長的天秤月座總想著維持周遭的和諧氣氛，因此，會特別注意經營人際關係，甚至常扮演調停或仲

裁的角色。這可以鍛鍊出他的八面玲瓏的手段，但是，如果狀態不佳，也可能發展成退縮的個性，而顯得優柔寡斷。一般天秤月座的人，會以理性的態度面對自己的情緒，較少出現激烈反應。不過，他們卻可能為社會公義而發聲，因為天秤座代表公平與正義。

天蠍座（♏）

　　以蠍子的甲殼和尾針為符號；固定的水象星座。水元素與情感有關，固定星座的性質則加強了天蠍座的執著色彩。於是，外在表現冰冷的天蠍座，內心熱情如火，還帶著強大的意志力。如果白羊座是第一個星座，天蠍座就是第八個星座——白羊座的「高八度」——將白羊座的某些特點放大，而且產生共鳴。天蠍座也是塔羅牌裡「死神」的占星對應，代表轉化和重生的力量。祂總是戴著神祕的面紗，隱密中透露出暗黑的力量。命盤中天蠍座特質明顯的人常給人陰沉的感覺，讓人難以看清；他自身卻擁有敏銳的直覺，能一眼洞悉人心。而猜忌心重、孤立獨行、不輕易妥協的個性，不是誰都能夠輕易親近的。

・太陽天蠍座的名人：曾兩度擔任印度總理的英迪拉・甘地，生日11月19日。她是印度著名且具有爭議的政治人物之一，立場堅定，政治手段強硬，後人稱「印度鐵娘子」。她的父親是印度獨立後的首任總理，她的性格也和父親一樣，不太喜歡與人接觸。雖然她以父親和家族而自豪（她的家族和聖雄甘地並沒有血緣關係），卻又受到童年的動盪生活影響，而難以發展出常人應有的社交關係。曾經有位知名記者描述英迪拉：「她的相貌動人，有一對淡啡色而又略帶哀傷的美麗眼睛，臉上總是掛著一絲奇妙、高深莫測，卻又能引起人們好奇的微笑。」既有人讚揚她的政績和對印度的建樹，也有人不滿她的強硬政治手段，以及對兒子在政治上的過分支

持，甚至因寵愛兒子而背棄了民主，達到腐敗和濫權的地步。在英迪拉的任內，也加速了印度的核武發展。1974年，印度成功進行了核試，代號被稱爲「波卡蘭-I」，負責該核試的科學家則稱之爲「微笑的佛陀」行動。

印度的錫克教徒試圖爭取更大的權益和認同，也不斷和印度教徒發生衝突。1984年6月3日，英迪拉下令軍隊進攻著名的錫克教廟宇金廟，造成646人死亡，4712人被拘捕，傷亡者和被捕的大多數是錫克教徒。1984年10月31日早上英迪拉在總理府被她的兩名錫克教保鏢開槍刺殺身亡，當時行運的南月亮交點正遇合她的出生太陽；過運土星也正走到她出生時的天底位置；逆行的凱龍星則緊緊貼在她的出生木星上。幾個徵象都暗示了死亡事件，特別是早已潛伏在命盤第八宮裡的槍手凱龍，此時緊貼在先天本就刑衝嚴重的木星上。命盤上入陷的木星也是八宮主星，「飛星」觀點認爲，「八飛十一」存在致命意外的可能性。

如果是出生時月亮落在天蠍座，他所感受到的母親可能是帶有距離感的、難以親近的，甚至帶著一抹神祕感。還有些天蠍月座在童年階段生活在比較艱困的家庭環境，也因而鍛煉出堅強的意志。他們面對周遭人事時習慣保持猜疑，也會有較強的防衛意識。進一步看，他們也比一般人懷有更強烈的成功慾望，而且會全心投入來爭取。但是，天蠍月座的濃烈情感並不會隨意表現出來，他們擅於隱藏內心的情緒，卻也會在逆鱗受觸時以激烈手段報復，玉石俱焚在所不惜。

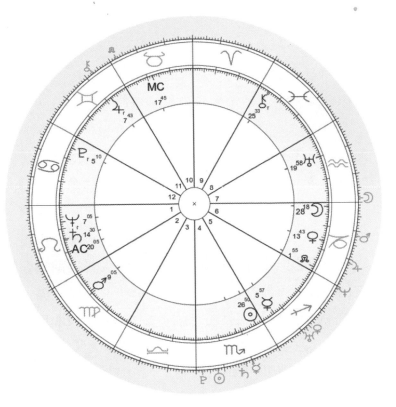

星圖十四·印度故總理英迪拉·甘地（Indira Priyadarshini Gandhi）

射手座（♐）

　　以飛箭爲符號；變動的火象星座。當太陽或其祂行星進入射手座時會帶有變動星座的不穩定性和良好的適應性，以及火象星座的熱情、積極，或是直接、放縱的表現方式。在希臘神話中，宙斯將賢者凱龍升至天空而有了射手座。凱龍先是接受了衆神的教育，而後又將智慧與技能傳授予世人，因此，射手座也與傳遞理念和教育有關。命盤上射手座強勢的人常是樂觀、愛冒險的，有英雄主義氣質，樂於挑戰困難。另一方面，射手座人愛好自由，常依自己意志而行，不受束縛。而強烈的好奇心與求知慾影響下，射手座人普遍都具有探索眞理的興趣。

　　·太陽射手座的名人：英國已故首相溫斯頓·邱吉爾（參考星圖三十一），生日11月30日。貴族出身的邱吉爾和在政壇上並不得志的父親關係疏離，他的父親被視爲保守黨的激進分子。邱吉爾早年曾入伍，並駐紮和遊歷過古巴、英屬印度、南非等地，也曾當過隨軍記者。在二戰中，反對和談的邱吉爾帶領英國與盟軍對抗德軍，最終反敗爲勝。意識形態上，邱吉爾是一名經濟自由主義者。雖然他起初也屬於保守黨的成員，卻堅持自由貿易原則，終於導致他與保守黨分道揚鑣，轉而加入自由黨。邱吉爾被認爲是二十世紀最重要的政治領袖之一，他的名言：「A pessimist sees the difficulty in every opportunity; an optimist sees the opportunity in every difficulty.」（悲觀主義者在機會裡看到困難；樂觀主義者在困難裡看到機會。）最能代表射手座的樂觀特質。政治之外，邱吉爾在文學上也很有成就，榮獲了1953年的諾貝爾文學獎。繪畫則是他的最大興趣之一，一生的畫作逾570件，以及兩件雕塑。

如果是出生時月亮落在射手座，他可能會有一位活潑、外向、樂觀、自信的母親。他的母親也特別重視子女的教育，但是，會以啟發式、鼓勵探索的方式，而不是強迫式的。因此，射手月座從小就習慣於思考，很有自己的主見，或者是憧憬崇高的目標、理想。投身於挑戰的同時，他們可能一味的勇往直前而輕忽細節。在情緒表現上，射手月座總是直接而快速，也就不太會耽溺在負面情緒中。面對親密關係，射手月座總希望彼此互相尊重，保有各自的自由與空間。

摩羯座（♑）

符號代表的是，牧神潘恩變身不及，上半身保有羊角、下半身已經變成了魚尾，被高掛天空的摩羯座形象。摩羯座是開創的土象星座，因爲土象加上了開創的特質，摩羯座總是以現實功利做爲前進的的動力。摩羯座也常被形容爲一座山，給人穩重、沉默、陰鬱而不易被了解的印象；長時間版塊擠壓下所推起的高山，內在也蘊藏著巨大壓力，帶有不安全感，言行也就會表現出嚴肅、悲觀的一面。命盤上摩羯座強勢的人有責任感、有野心；重視傳統與規範，甚至是頑固的保守主義者。他們一般都很有耐心與毅力，願意花較長的時間去學習、累積經驗，以達成目標。功利、現實，人際關係的信賴度低，都是摩羯座較負面的表現。

· 太陽摩羯座的名人：美國第三十七任總統尼克森，生日1月9日。尼克森的童年生活很困苦，在他九歲時家裡牧場破產，全家因此遷移。高中時期的尼克森通常是在清晨四點起床，開著家裡的卡車到市場採買蔬菜，然後回到父親經營的雜貨鋪，把菜整理好並擺放出來，再去上學。又因爲父母皈依貴格會，他也就在保守的貴格會氛圍中成長。被禁止飲酒、跳舞、講粗話。成長後的尼克森，在周遭人們的眼中，是位性格複雜的人，與人群保持著距離，並且總是穿著正裝，卽使一個人在家時也會繫好領帶。傳記作者形容尼克森，一方面很強硬，一方面又常感到忐忑不安。尼克森政府的國務卿季辛吉則在回憶錄中描述，尼克森旣剛愎自用、過分自尊，卻又優柔寡斷、自負自卑。「卽使是在和好友在一起時，我也不認爲你就應該放下心防，把一些這樣那樣的事情吐露出來。」尼克森這麼說。諷刺的是，之後卻因爲（團隊成員）非法竊聽政敵、說謊、掩飾罪行，尼克森成爲美國歷史上唯

——位在任期內辭職下台的總統。

如果出生時月亮落在摩羯座，母親給他的感受是嚴格的、幹練的。在母親的殷殷期盼下，摩羯月座自小就生活在拘束的環境中。有些個案的壓力屬於精神上的，而有些也可能來自於拮据的家庭經濟狀況。也因此，他們通常比較早熟、有責任心；又或者是缺乏自信，甚至發展成悲觀傾向。這端看命盤裡配置的正、負影響。一般狀況下摩羯月座都能控制住自己的情緒，但是也可能會過度壓抑而陷於憂鬱漩渦。雖然懷有世俗野心，但在做事的習慣上，他們總是計畫在先，按部就班。韓愈的生平的確類似摩羯月座——出生未幾母親去世，三歲喪父，後由大哥養育。正當壯年的大哥卻又在韓愈十一歲時去世。成長後的韓愈，因為反對華而不實的駢文寫作而領導古文運動，倡議文章應回復到質樸與實用。

水瓶座（♒）

　　以「波」為符號，傳統上視為水波，現代觀點下也被視為無線電波。水瓶座屬於固定的風象星座，風元素與心智、抽象概念有關，因此太陽或其他行星進入到水瓶座會帶有理智、冷靜，甚至是特立獨行、有點古怪的色彩。命盤上水瓶座強勢的人很可能是不切實際的夢想家，也可能是讓先進科技或社會哲學概念真的能夠實現的實踐者，端看整張命盤的配合。雖然水瓶座認知的人際關係常是面對全人類社會的，甚至及於動物的，但是，卻又是基於理性，而非感情。如果過度發揮理性，可能流於僅僅是崇高理想，或是表現出不近人情，例如，馬克思主義的主要創始人卡爾‧馬克思出生時的上升點就在水瓶座。

　　‧太陽水瓶座的名人：美國第十六任總統亞伯拉罕‧林肯，生日2月12日。年輕時的林肯對於宗教抱持著懷疑態度，在一位傳記作家的筆下他甚至是「破壞偶像者」。他從未加入教會，但是常與妻子一同參加教堂的活動。他對《聖經》十分熟悉，也會引用其中故事，並加以讚揚。對於宗教信仰的問題他保持緘默，並尊重其他人的信仰。然而，政治立場上，林肯因反對擴張蓄奴制，在1858年的參議員選舉中落敗。到了1860年的總統選舉，雖然他在美國南部處於劣勢，但憑藉在北部的優勢還是當選了總統。他的當選導致美國南部七個蓄奴州決定脫離聯邦。林肯領導美國經歷了慘烈的戰爭，經由此戰，他維護聯邦的完整，廢除奴隸制，並推動經濟的現代化。也因為這些功績，亞伯拉罕‧林肯被認為是美國歷史上最偉大的總統之一。

　　如果出生時月亮落在水瓶座，他的童年生活可能比較不尋常，也許是家庭經濟有較大起落，或者是父母離異，更常見的是頻繁搬

家。也因此成長後的水瓶月座在感情的處理上會比較理智，也習慣於無常而不喜歡被牽絆，甚至是以疏離的態度來面對。雖然在家庭和親密關係中表現出比較冷漠，水瓶月座對待朋友倒是十分友善，甚至抱持著眾生平等的觀念。他的母親也會是很水瓶座的，與鄰里的媽媽們很不相同，通常是以尊重子女獨立人格的方式教育孩子，給予自由發揮的空間。與摩羯月座按計畫行事不同，水瓶月座常會有冒險的行為，情緒反應也常出人意外。

雙魚座（♓）

　　占星符號代表的是，愛與美女神阿芙柔黛蒂母子變身成繫在一起的兩條魚——這也是神話故事中雙魚座的由來以及象徵圖騰。雙魚座屬於變動的水象星座，變動星座是元素的「執行者」，水元素的執行者雙魚座以同理心和慈悲心整合小我，完成大我。但是，如果沒有足夠的控制力，雙魚座的豐富情感會四處流竄，表現出不理性和混亂的一面。除了包容和犧牲奉獻的精神，命盤中雙魚座強勢的人擁有突出的直覺和豐富的想像力，也可能給人纖細敏感，或者是愛做白日夢、不切實際的印象，天生帶著浪漫的藝術家氣息。有的時候也會被批評：迷糊，或是濫情。

> ・太陽雙魚座的名人：知名影星伊莉莎白・泰勒（參考星圖七），生日2月27日。她的父親是成功的藝術商人，在倫敦經營畫廊；母親則是一名舞台劇演員。泰勒自己更是知名影星，演技精湛，而且擅長飾演多情任性的浪漫女性。除了銀幕上的精采演出，她的豐富情史與多次婚姻也一直吸引著大眾的關注。而她的歷任丈夫也大多帶著雙魚氣質——電影製作人、歌手、演員，以及在戒酒戒毒中心認識的最後一任丈夫。泰勒從1980年代開始投身於慈善事業，除了遊說政客關注愛滋病，也成立自己的愛滋病基金會，致力於預防和治療愛滋病。她也因為在慈善事業上的奉獻而獲得奧斯卡人道精神獎和英女王頒發的大英帝國勳章。

　　如果出生時月亮落在雙魚座，通常他們的母親會帶有藝術家的氣質，浪漫的或是不切實際的？一般情況下，雙魚月座是在母親的溺愛中成長；如果月亮的狀態不佳，也可能他的母親在感情上從很早開始就依賴著雙魚月座孩子。法國時裝設計師、Chanel品牌的創始人香奈兒出生時月亮就落在雙魚座——在她12歲時母親就因結核病去

世，不久後她的父親也拋棄了家庭，她和妹妹被送到孤兒院。雖然常見到雙魚月座表現出天眞爛漫，他們的內心其實很敏感、善體人意，容易受到環境波動所影響。雙魚月座也很容易耽溺於某一人事物，也許是藝術創作，或是宗教；比較極端的情況是：沉淪於藥物，或是一段又一段帶來傷害的戀情。

雖然以出生時太陽所在的星座來推測一個人的個性的確存在幾分準度度，但是，常被提出的一個問題：太陽，或其祂行星，在某一星座的30°範圍內的任何位置所表現出來的該星座特質，或者說該星座所帶來的影響，都一樣嗎？許多占星師主張，行星落在第一個十度區間的力量是最強的，最能夠發揮該星座的特質，到了第二個和第三個十度區間，表現出來的該星座特質會變弱，而且星座的第二個和第三個十度區間各隱含有與該星座相同元素的另兩個星座的性格。列表說明如下——

	度數	性格		度數	性格		度數	性格
♈	0°～10°	♈	♌	0°～10°	♌	♐	0°～10°	♐
	10°～20°	♈+♌		10°～20°	♌+♐		10°～20°	♐+♈
	20°～30°	♈+♐		20°～30°	♌+♈		20°～30°	♐+♌

	度數	性格		度數	性格		度數	性格
♉	0°～10°	♉	♍	0°～10°	♍	♑	0°～10°	♑
	10°～20°	♉+♍		10°～20°	♍+♑		10°～20°	♑+♉
	20°～30°	♉+♑		20°～30°	♍+♉		20°～30°	♑+♍

	度數	性格		度數	性格		度數	性格
♊	0°～10°	♊	♎	0°～10°	♎	♒	0°～10°	♒
	10°～20°	♊+♎		10°～20°	♎+♒		10°～20°	♒+♊
	20°～30°	♊+♒		20°～30°	♎+♊		20°～30°	♒+♎

	度數	性格		度數	性格		度數	性格
♋	0°～10°	♋	♏	0°～10°	♏	♓	0°～10°	♓
	10°～20°	♋+♏		10°～20°	♏+♓		10°～20°	♓+♋
	20°～30°	♋+♓		20°～30°	♏+♋		20°～30°	♓+♏

例如，前台北市長柯文哲的生日是8月6日，出生時太陽在獅子座的中間區段，於是，他的太陽會表現出獅子座和射手座的特質；新北市長侯友宜的生日是6月7日，太陽在雙子座的中間區段，侯市長的太陽會兼有雙子座和天秤座的特質。在占星上，太陽代表一個人所重視的焦點問題，以及意識言行。而射手座的特質包括直接、樂觀、勇於挑戰困難，也與宣揚理念有關。符不符合您所認識的柯市長呢？天秤座的特質則包含平衡、合作、維持和諧，多慮和猶豫不決，總考慮人際關係。這些描述又與您印象中的侯市長有幾分相似呢？

　　再舉一例，柯市長的夫人陳醫師生日是8月16日，出生時太陽在獅子座第三個十度區間，那麼，她的太陽是否表現出獅子座兼具白羊座的特質？「臺大醫院失誤移植愛滋病患者器官案」中，陳醫師召開記者會為夫伸冤的作為，事後柯市長在多個場合提起時都認為她真的很勇敢。身為後輩醫師，面對陳腐的醫界封建傳統也無所畏懼，不平則鳴，這十分符合白羊座面對困難會以瞬間的爆發力直球對決的特質。雖然她的月亮落在天秤座，一般情況下天秤座是習慣於和諧氣氛的，不過，天秤座也象徵公平與正義。而陳醫師的天秤月亮還與她的巨蟹金星互容，家庭觀念外，巨蟹座也是一個自我防衛意識強烈的星座。另外一點，陳醫師在分科時選擇了小兒科，是否也跟她的巨蟹金星有關呢？

　　除了上述四合星座和三合星座這兩種最常被應用的分類法外，另外一種常見的分類法是，將星座分為荒地、半荒地、肥沃、半肥沃——雙子、獅子、處女座為荒地星座，傳統論法認為，女子命盤的第五宮宮頭的位置在荒地星座，生兒育女較不易（命盤的第五宮與子女有關）。稍微好點的是射手、水瓶座，被視為半荒地星座；而巨蟹、天蠍、雙魚座為肥沃星座，女子命盤的第五宮宮頭的位置在肥沃星座，生兒育女較容易。其次是金牛、天秤、摩羯座，被視為半肥沃星座。如果男子命盤的第五宮或第七宮宮頭落在肥沃星座，早婚的機

會大；如果男子命盤的第五宮或第七宮宮頭落在荒地星座，晚婚的機會大。這種論斷方式的最大問題在於，子女多或寡、早婚或晚婚，在不同時代和不同社會有大不相同的標準。

星座的分類只是強調幾個星座間共同的特點，論斷時能多加注意這些特點。其實，如果我們能夠對各個星座的基本特質有更多的了解，配合命盤上的行星分布，對於一個人的個性和生活態度就能有更多認識。會在哪一個領域表現出衝動？哪一個領域退縮？是一個感情豐富的人？還是實際的人？是事業心重的人？或者是更重視精神生活上的滿足？這些線索也就能夠引導出，一個人早婚或晚婚，哪個可能性比較大。再有一點，星座特質外，對人生的各個面向影響更大的是宮內星、宮主星的狀態。例如，第五宮代表的人生領域包括戀愛、子女，從第五宮的宮內星和宮主星的狀態更能看出一個人的感情路或子女的狀況。

類似於西洋占星術將回歸黃道劃分成均等的十二星座，中國在殷商時期也曾因歲星每十二年繞行一周天的規律而將黃道帶劃分爲均等的「十二次」──星紀、玄枵、娵訾、降婁、大梁、實沈、鶉首、鶉火、鶉尾、壽星、大火、析木。但是，就如前文「木星」一節中所述，不及百年就會發生歲星「超次」現象。之後，中國改以干支紀年取代歲星紀年。不同於等分回歸黃道，中國古代的天文學將黃道到天球赤道附近的天空，以及星辰，劃分爲二十八宿（二十八個區域），但是，二十八宿的每一宿所包含的範圍闊狹不一，差別很大。而且歷史上各朝各代所推定的二十八宿度數也略有不同。

回歸黃道十二宮、二十八宿、十二次、十二辰對照表

回歸黃道		十二辰	二十八宿	四象	宿度	十二次
♈	0°	戌	室（7°）	北宮玄武	火	降婁
	9°		壁		水	
	22°		奎		木	
♉	4°	酉	婁	西宮白虎	金	大梁
	17°		胃		土	
♊	0°	申	昴（0°）		日	實沈
	9°		畢		月	
	24°		觜		火	
	25°		參		水	
♋	5°	未	井	南宮朱雀	木	鶉首
♌	5°	午	鬼		金	鶉火
	10°		柳		土	
	27°		星		日	
♍	5°	巳	張		月	鶉尾
	23°		翼		火	
♎	10°	辰	軫		水	壽星
	23°		角	東宮青龍	木	
♏	4°	卯	亢		金	大火
	15°		氐		土	
♐	3°	寅	房		日	析木
	8°		心		月	
	16°		尾		火	
♑	1°	丑	箕		水	星紀
	10°		斗		木	
♒	4°	子	牛	北宮玄武	金	玄枵
	11°		女		土	
	23°		虛		日	
♓	3°	亥	危		月	娵訾
	23°		室		火	

*上表二十八宿的回歸黃道星座、度數為2000年的對應。

*因為四象與靈獸形象相關，與二十八宿相連結，因此，東、西、南、北四宮在此不隨歲差調整。

時至今日，許多學習中國術數的命理學家和堪輿學家們仍在使用二十八宿為工具。雖然有些堪輿學家認為二十八宿是指五行氣感在四季、四方的分布，並非真的代表星座，所以堅持羅經上二十四山、二十四節氣與二十八宿的相對位置毋須更動。但是應用在星學論命時，大部分命理學家還是主張二十八宿必須隨歲差做調整，以恆星黃道的方式運用──宿度所躔宮度（回歸黃道）必須每年累加52″。例如：光緒甲辰年的「黃經宿度表」上，壁宿初度等於戌宮（回歸黃道白羊座）8°56'。一百年後的西元2004年，壁宿初度相對回歸黃道差了5200秒，落在白羊座10°23'。而今天位於摩羯座10°到水瓶座3°的斗宿，在西元768年，韓愈出生時，在回歸黃道的射手座23°到摩羯座17°。可以說，中國的星學論命是回歸黃道與恆星黃道並用。

行星的尊貴／無力

行星在黃道上運行並不是在任何位置都表現出相同的狀態，或發揮出同樣的力量。在古代，占星術中的星座主要是用於判斷行星力量的正反強弱，而不是強調在個性上造成的影響。卜卦占星中，行星的狀態（尊貴／無力）也常被用來代表事情的本質狀況如何。例如，想要買房且有了目標時，卜卦盤的第四宮就代表目標房屋，而四宮內的行星和四宮主星的狀態就代表房子的狀況好壞。又如，去應徵新工作，卜卦盤的第十宮代表公司主管或公司前景；第六宮則代表工作內容、同事關係。有可能盤中顯示被錄用的機會很大，第十宮或第六宮的宮內星、宮主星的狀態卻又很差。常見的狀況是，任職後發現新工作並不如預期那般理想。（後天十二宮所代表的意義留待下一章說明）因此，在論斷上，必須衡量行星的狀態才能做出更周全的判斷。在古典占星學中，有多種「尊貴（Dignities）／無力（Debilities）」的行星狀態法則。當行星位在屬於祂的某種尊貴位

置時，祂所代表的事物可以發揮一定程度的正面特質；當行星位在祂的某種無力狀態位置時，祂所象徵的事或物就會表現出雜亂無章、不確定，或是一些負面的特質。行星的尊貴包括：廟（Domicile）、旺（Exaltation）、三分性（Triplicity）、界（Term）、外觀（Face）；無力狀態則包括：弱（Fall）、陷（Detriment）。

以下表列出行星所在星座的廟、旺、三分性、弱、陷狀態——

行星	廟	旺	三分性星座	弱	陷
☉	♌	♈	火象星座	♎	♒
☽	♋	♉	土象星座；水象星座	♏	♑
☿	♊；♍	♒	風象星座	♌	♓；♐
♀	♉；♎	♓	土象星座；水象星座	♍	♏；♈
♂	♈；♏	♑	土象星座；水象星座	♋	♎；♉
♃	♐；♓	♋	火象星座；風象星座	♑	♊；♍
♄	♑；♒	♎	火象星座；風象星座	♈	♋；♌
♅	♒				♌
♆	♓				♍
♇	♏				♉

在介紹尊貴力量時，許多占星老師喜歡做不同的比喻，說明各種尊貴力量的意義和力量大小。也許我們可以簡單的比喻成：「廟」的位置可以想像為行星所管理的商場，「旺」的行星則是這個商場的老闆，「三分性」的位置可以想像成行星擁有股份的商場，「界」和「外觀」則是行星在各個商場分租經營的店面。

以下進一步說明各種尊貴／無力的意義——

廟，也就是行星的「守護位置」。太陽守護獅子座（午宮）、月亮守護巨蟹座（未宮），午未合為太陽太陰之合外，再以地支六合（巳申合水、辰酉合金、卯戌合火、寅亥合木、子丑合土）分組，由距離太陽自近至遠的行星所守護。於是，水星守護午和未宮兩側的雙子座（申）與處女座（巳），而距離太陽最遠的土星則守護與午和未兩宮對衝的摩羯座（丑）與水瓶座（子）。當行星位在自己所守護的星座時，擁有廟的力量，最能有效發揮祂的特質，包括正面和負面。例如：當火星在白羊座（戌），充滿活力與鬥志，也更衝動些，甚至會有暴力傾向。

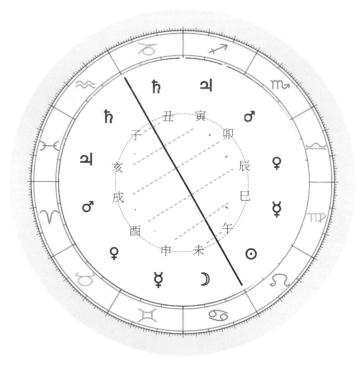

　　行星的守護關係另一個重要的占星意義：行星的狀態會影響祂所守護星座所主管的領域。例如，命盤的第十宮落在白羊座的人，守護星火星在命盤上的狀態就會影響他的社會互動、聲望，以及事業表

現，這些由第十宮所主管的事情。

- 陷，或稱為失勢位置，行星守護位置的對宮。行星入陷時，最難以發揮他的特質，也被形容為「規範敗壞之處」。例如，金星落在白羊座和天蠍座都是屬於入陷。伊莉莎白・泰勒（參考星圖七）的出生金星就落在白羊座，而且緊密合相天王星。金星主管愛情，當祂落在入陷位置的白羊座時，原本該有的和諧和歡樂的特質較難以發揮。所以，泰勒在愛情的追求上就表現出非常的大膽，對待感情的態度也是比較自我。一旦愛消失了，就乾脆俐落的分手。

- 旺，也就是強勢位置，特別能發揮行星的正面特質的位置。例如，火星在摩羯座，衝動和暴力傾向會受到摩羯座的約束，做事能更有計畫，也樂於將精力投入到追求世俗成就。

關於行星的強勢位置（旺），古典的占星文獻常見標註為某星座若干度，例如：太陽的強勢位置在白羊座19°。也有些現代的占星師將此解讀為：太陽的旺宮在白羊座，至19°為止。不過，不論哪一說法，現代的占星師較少這麼運用，普遍還是以整過星座做為廟旺的區域。

- 弱，或稱弱勢位置，強勢位置（旺）的對宮，行星落在弱勢位置常會發揮出他的負面特質。例如，火星在巨蟹座（強勢位置摩羯座的對宮）。巨蟹起伏不定的情緒常會讓火星的行動難以捉摸，甚至做出不可理喻的事來。而在卜卦占星中，如果入弱的行星代表的是人的話，可能會是社會地位較低的人；入弱的行星代表的是物品的話，物品的品質通常會是較差的。

- 現代的占星師們，普遍較重視行星的廟、旺、陷、弱，認為這兩項尊貴和兩項無力對行星的影響較大。但是，古典占星中三分性主星的運用非常的廣。三分性是以星座的元素連結

行星的星性——屬於晝星性格的日、木、土星是火象星座的三分性主星；土、水、木星是風象星座的三分性主星。屬於夜星性格的金星、月亮、火星是土象星座的三分性主星；金星、火星、月亮是水象星座的三分性主星。行星落在祂的三分性位置表示幸運、舒適的狀態。

- 界：每個星座被分成五個不均等的區間，每一區間有一個界主星。當行星落在自己所主管的界內，能夠較自然的表現其象徵意義，但是，吉凶則有待與其形成相位的行星判斷。落在界內的必然尊貴力量是較低的。在個人占星中，現代的占星師們不一定會特別注意界的應用。倒是在卜卦占星裡，占星師常會特別留意：卜卦盤的上升點位置的界主星是否符合問卜者的外在特徵？以此來推測問卜者的內心真正意圖，或彼此間相處的氣氛。

- 外觀：每個星座被等分成三個十度的區間，每一區間有一個主星。行星落在自己所主管的外觀區間裡，僅止於表面上有個避風遮雨的落腳處，卻常被比喻為：有寄人籬下的意味。必然尊貴的力量也是較低的！

外觀的區間劃分是將星座等分成三個十度的區間，從白羊座、金牛座、雙子座、巨蟹座……，一直到雙魚座，共有三十六個外觀區間。從白羊座0°到10°的第一個區間分配給火星開始，再依「迦勒底秩序」自遠至近的順序循環將行星分配到各區間而成外觀主星。於是，白羊座10°到20°的第二個區間由太陽主管；金星則主管白羊座的第三個十度區間；水星成為下一個外觀的主星、主管金牛座的第一個十度；……一直到土星主管雙魚座的第一個區間；木星主管雙魚座的第二個區間；火星主管雙魚座的第三個區間為止。雙魚座的第三個區間以及白羊座的第一個區間都配與了火星，被認為是，上天賦予額外能量以克服冬春之際的困難。

古典占星的「迦勒底秩序」是指，從地球觀察，七顆行星的運動速度從快到慢的排序：月亮、水星、金星、太陽、火星、木星、土星。這也代表七顆行星的軌道距離地球由近到遠的排序。當然這並不符合現今一般人的天文常識。但是，塔羅學者對於此一次序有另一種解讀：土星→木星→火星→太陽→金星→水星→月亮，是「生命之樹」上從第三到第九這七個Sephiroth所代表的行星領域的遞降次序。

塔羅牌的占星對應

從早期的圖像象徵開始，綿延流傳到後來，西方的神祕學家紛紛開始融合神祕學理論來設計創作自己的塔羅牌。於是，出現各式各樣加入了煉金術、生命之樹、占星學……等等象徵意義的塔羅牌。其中，占星上的對應最廣爲塔羅學習者所熟知，並加以運用。除了二十二張大牌對應到行星和星座，外觀區間的觀念也被應用到數字牌的占星對應裡——權杖二到權杖十的九張牌對應三個火象星座及其九個外觀主星；圓盤牌組則對應到三個土象星座；寶劍牌組則對應到三個風象星座；聖杯牌組則對應到三個水象星座。而各組的二、三、四號牌對應開創星座的第一、二、三個區間；五、六、七號牌對應到固定星座；八、九、十號牌對應到變動星座。於是，塔羅牌的權杖二對應的黃道位置在白羊座0°到10°間，所對應的日期則在3月21日到3月30日間；固定的土象星座金牛座的0°到10°間則對應圓盤五，圓盤五所對應的日期則在4月21日到4月30日之間……。依此推算，寶劍八的星座對應爲變動的風象星座雙子座，而且是在雙子座的第一個十度區間，也就是黃道上的第七個十度區間；行星對應則爲「火→日→金→水→月→土→木」循環中的第七位——木星。於是，塔羅牌寶劍八對應雙子座0°到10°；5月21日到5月31日；行星是木星。雖然木星是

雙子座第一個外觀區間的主星，卻又入陷於雙子座。因此，對應木星—雙子的寶劍八也就意味：困於思慮過多，或是外界的批評。

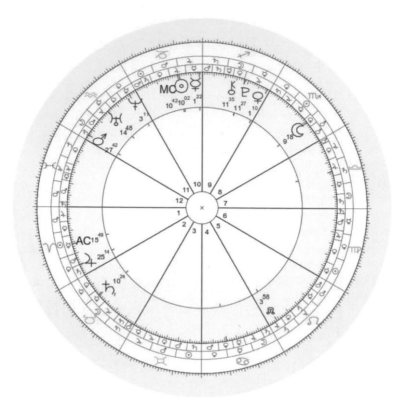

說明：星座符號所圍成的黃道往內一圈標示出「外觀」的區間及其主星，更往內一層則是「界」的區間劃分及其主星的標示。在西洋占星術的發展歷史中，曾有過多種界和外觀的劃分及其主星分配方式，上圖只是其中的一種。

‧行星如果不在上述的尊貴或無力之中，此時的行星狀態可以稱為Peregrine（周遊外地），感覺就像是行星與所在位置沒有太大關連。

徘徊不去的月亮

蘇軾在《前赤壁賦》一文中，將夜遊赤壁的時間、情景，與天象交代得清清楚楚——「壬戌之秋，七月既望，蘇子與客泛舟遊於赤壁之下。清風徐來，水波不興。舉酒屬客，誦明月之詩，歌窈窕之章。少焉，月出於東山之上，徘徊於斗牛之間。白露橫江，水光接天。」如同古人曾經描述過的許多天文現象都不免被後世的好事者檢驗，《前赤壁賦》文中的月亮位置也被質疑。甚至清朝一位天文學者凌廷堪就結論說：「蓋東坡未必真有是遊，特想像而賦之。」按凌廷堪的推算，當年的既望之月應該是在室壁之間。「斗牛之間」和「室壁之間」相差可有六十幾度，三分之一的蒼穹呢！

「既望」的既，時間副詞解作：已經。一般認為，陰曆十五為望，十六為既望。在此，我試著以曆法做為推測的起點，導引出另外一個結論。「壬戌之秋，七月既望。」宋神宗元豐五年壬戌年的陰曆七月十五、十六日是儒略曆的1082年8月11日，或12日，正好是1582年實施格里曆前的五百年。西元前45年開始推行的儒略曆，到了1582年時曆法上的春分日與實際的春分時刻已差距十天之多。為求補救，決定將儒略曆1582年10月4日的次日定為格里曆1582年10月15日，同時，每四百年少設三個閏日，調整成了今天國際社會上所普遍使用的格里曆。西元1582年的十天差距，在1082年時推估已經存在六到七天的誤差。因此，儒略曆1082年8月12日太陽的位置相當於格里曆8月18日的太陽位置，約在回歸黃道的獅子座24°或25°左右；既望之月當在水瓶座尾端，計算歲差，也就是在當年的危宿七、八度間往西行進。此與「斗牛之間」相差了三十幾度，是月亮的三天行程。三天前月亮已經走過斗牛之間，沒有回頭，只有循環。徘徊不去的不是明月，而是蘇軾的心，也是三百年前「舉頭望明月，低頭思故鄉」的那顆心。

（如果我們藉助於現代的計算機技術，使用現代占星軟體，計算的結果是：儒略曆1082年8月12日0時，太陽位於回歸黃道獅子座24°；月亮位於水瓶座28.5°——當年的危宿八度。）

不過，還有另外一個問題：「既望」到底是指哪一天？雖然普遍認為，既望大約是在陰曆的每月十六日前後，不過，古人所稱的「既望」可能不僅僅是指陰曆的十六日，也可能是指滿月之後的幾天，到陰曆的二十三、二十四日這一段時間都算是既望。如果「既望」的時間範圍拉這麼長，蘇子遊赤壁時，月亮有可能離「斗牛之間」更遠了。且先不論是哪一天，也不管距離是三十度還是更多。前文提及，東坡先生可是星座專家呢！他清楚知道，這一夜的月亮並不在斗牛之間，之所以這麼寫，反映的是他的落寞——當年的斗牛之間，又是摩羯座啊！摩羯座，深藏在蘇子內心最陰暗角落裡的情結，擁抱不得，無力對抗！也是塔羅牌裡的「Devil」！祂以第三隻眼穿透世事，嘲弄世人。哪怕是文采風流如蘇子，也只能在世俗慾望的驅使下痴傻一生。這一夜，清風徐來，水波不興，失意的蘇子隨一葉扁舟蕩漾於江河。歌詠唱和，間有勸酒聲聲；恍恍然蘇子已神遊蟾宮，忘懷得失吧！夜空的三十幾度距離又何須計較，蘇子以文學筆法寫作「徘徊於斗牛之間」，後人何不從文學欣賞的角度品味——逝者未嘗往也，盈虛者卒莫消長！同情同感！無傷大雅！

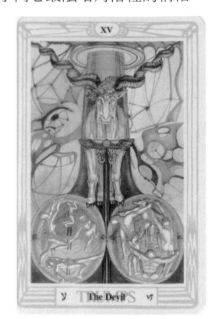

第三章 後天十二宮

人法地，地法天，天法道，道法自然。

——《道德經》

回歸黃道上的十二星座各有其正面與負面的特質，當行星行進到某一個星座，該星座的特質會影響行星所具有的正面或負面力量的發揮，甚至使得行星難以發揮力量。那麼，對於出生時間相差一或兩個星期內的人而言，很可能他們除月亮之外的行星都在相同星座，於是，他們命盤上的行星表現方式就類似嗎？他們的人生發展方向也就相近囉？實際經驗給出否定的答案！

我們日常可能聽到：「別搞那些沒用的，把你的精力用在工作上多好？」「你該多關心家裡的妻兒老小！不是外邊那些狐朋狗友！」「以他的聰明才智，就算不從事學術研究，經營事業也必然能夠賺大錢！」的確，即使是大部分行星星座相同的情況下，人們在人生歷程中所感興趣的、願意投注心力的領域可能大不相同。占星術裡，除了星座外，星盤還會劃分出十二個「後天宮位」，用以標示出行星在人世間或個人命盤上主要影響的領域。十二星座是天空中的座標，標示一年之中不同時間的太陽位置，以及陽光在地球表面的直射緯度，此關乎地球公轉。十二個後天宮位則可以看作是地球在一天中的不同時間的十二個方位，關乎地球自轉。

行星除了因星座位置而有強弱之分外，也會因爲所在的後天宮位而表現「顯眼」或否——古典占星技法認爲，當行星位在始宮（第一、四、七、十宮）或續宮（第二、五、八、十一宮）時，祂在此人的生命中會有較明顯的表現，影響較大；若是落在果宮（第三、六、九、十二宮）則表現較「弱」，在此人的生命中沒有太大影響而容易被忽視。另一方面，以古典占星觀點，宮位還有吉凶之分——第一、四、五、七、九、十、十一宮屬於吉宮。宮頭（宮位的起始點）的觀念出現後，一般認爲，行星接近宮頭位置時對於該宮位能夠產生較大的影響力。

在西洋占星術發展的歷史中，出現過許多不同的後天宮位劃分法，今天仍有十數種被廣泛使用。不同的分宮法會在星盤上定出不同的十二宮的宮首位置，也造成各宮位在不同分宮法下所占據的黃道範圍並不相同。更進一步看，各宮所代表的生活領域的主管行星也就可能不同。而行星在星盤上屬於哪一宮的宮內星也可能不同，這些行星會在生活中的哪一領域發揮較大影響；在流年中帶來哪些層面明顯的變化，也就不同。之所以有這麼多不同的分宮制，部分原因與占星師們使用不同的天文座標系統有關——自古以來，人類文明在天文座標系統的選擇上一直存在黃道座標和赤道座標之分。有些占星學家利用出生前後、出生所在地的天頂位置在黃道上的移動來推算出各宮位的宮首位置，另有些占星學家則從天球赤經劃分出宮位後再投影到黃道上，因而演變出各種分宮制，並以各自的方式運用，進而發展出各自的論命技法。不同的分宮法各有其愛用者，以筆者的習慣，本命盤我常使用整宮制，流年占星上則多用普拉西度分宮法。

那麼，十二個後天宮位又是如何劃分出來的呢？目前在占星術中所常見的分宮法大都是以上升點爲基準點劃分的。例如，有些強調古典占星技法的占星師們堅持使用全星座宮位制（Whole-sign houses system），或稱爲整宮制，就是以上升點位置所在的一整個

星座範圍當作第一宮，命宮。然後再依星座的次序定出第二宮、第三宮、第四宮……，一直到第十二宮。中國的七政四餘星占術也使用到整宮制，而且十二個宮位各自的意義與相對應的西洋占星術十二個宮位相近，各宮位的強弱吉凶也和早期的希臘占星的觀念幾乎相同。但是，與西洋占星術不同的是，七政四餘星占所定出的命宮不一定是上升星座，七政四餘論命所重視的「命度」也不同於上升點。不過，這並不阻礙中國七政四餘論命技法的發展。這也說明了，宮位劃分方式的不同，自有其不同的論命技法發展的方向，難論孰優孰劣。

　　雖然在古典占星學復興運動的鼓吹下，整宮制再次被重視，但是，現今廣為使用的分宮法中，還是以「象限分宮制」為多——以上升點、天頂、下降點、天底為基本點劃分出四個象限，再以各種不同的計算方式在每一象限中劃分出三個宮位，成為後天十二宮。在象限分宮制中，上升點是第一宮起始點，天底是第四宮起始點，下降點是第七宮起始點，天頂是第十宮起始點。現今比較流行的兩種象限分宮法應該是十七世紀義大利僧侶普拉西度所發明的普拉西度分宮法（Placidus houses system）和Koch分宮法。Koch分宮法是德國Walter Albert Koch博士花了三十年功夫才完善的，期間還包括被關在集中營裡的歲月。雖然象限分宮法通常會使用到複雜的數學計算，令一般占星學子難以親近，幸而依靠占星軟體，今天我們可以輕易得出象限分宮制的星圖。

　　整宮制和等宮制的每一個宮位範圍都是30°。象限分宮法所劃分出來的後天宮位則不一定，可能一個宮位橫跨了三個星座，也可能一個星座內會有三個後天宮位存在，尤其是在高緯度地區更常見。以下就以高緯度城市溫哥華2000年1月1日08:00的Koch分宮法和普拉西度制下的星圖做對比——

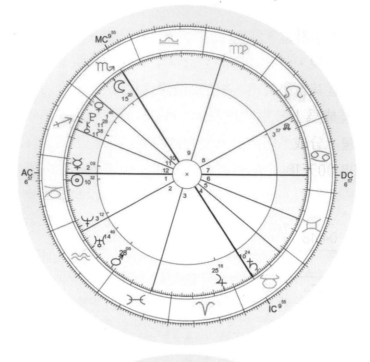

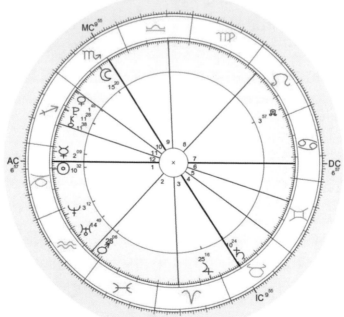

（上）溫哥華2000年1月1日08:00的Koch houses system星圖
（下）溫哥華2000年1月1日08:00的Placidus houses system星圖

先撇開數學計算，暫且用一種遊戲的心情概念性介紹Koch分宮法的特性與表現。就以溫哥華2000年1月1日08:00星盤爲例：08:00時的天頂位置其實是03:12時的上升點；08:00的天底位置到了12:48 p.m.時已經成爲上升點的位置。從03:12到12:48 p.m.經過了9個小時又36分鐘，分成六等分，每份96分鐘。下表所列是以Koch分宮法所畫出的08:00天頂、上升點、天底、各宮宮頭與各時間點的上升點位置關聯。

03:12	04:48	06:24	08:00	09:36	11:12	12:48
AC			MC			
	AC		XI宮首			
		AC	XII宮首			
			AC			
			II 宮首	AC		
			III宮首		AC	
			IC			AC

（MC：天頂；AC：上升點；IC：天底；II：第二宮……餘類推）

*說明：08:00的第十二宮宮首是96分鐘前，06:24的上升點位置；08:00時的十一宮宮首是兩個96分鐘前，04:48的上升點位置；08:00的天頂、第十宮的宮首是三個96分鐘前，03:12的上升點位置。而08:00的二宮宮首經過96分鐘後，到了09:36時將成為上升點；08:00的三宮宮首經過兩個96分鐘後，到了11:12時將成為上升點；08:00的天底位置經過三個96分鐘後，到了12:48時將成為上升點。

上升點與下降點

　　象限宮位制中用以劃分出四個象限的四個基本點（或稱「四尖軸」）：上升、天頂、下降、天底，對星盤有著重要的意義。西洋占星學所說的上升點是指，某一時刻，所處位置的地平面延伸，在東方處與黃道的交點。換一個說法是，某一時刻，在地平面的東方緩緩上升的黃道座標。一個人的出生地點和時間決定了他的命盤上升點的星座以及度數，這一個上升點被賦予的意義就是「開始」：生命的開始。也標示出命盤的第一宮：「自我」。上升點所在的星座常代表自我形象的呈現，指出一個人想要塑造出在他人眼中的形象。不同於太陽星座指出一個人性格中自然的、基本的稟賦，「上升星座」比較是帶有目標性、方向性，以及所嚮往的個性。如果出生時的上升點左右相近位置有行星出現，此行星將對他一生的表現帶來特別大的助力或阻礙，或者也可能提供特殊的身體狀況訊息。例如，土星是顆帶有遲緩與限縮意味的行星，當祂在上升點附近出現時，可能帶給他嚴肅的生活態度，以及壓力，甚至是充滿障礙的生活經驗。但是，隨著生活經驗的累積，土星也會幫助他養成堅定的意志，帶來穩定的生活方式。

　　星盤上與上升點相隔180°的位置就是下降點，也就是地平面在西方處與黃道的交點。下降點也是第六宮的結束之處，在個人占星中代表的是一個人的盲點和投射之處——等待著他人來完整自己所欠缺或不認同的某些部分。下降點也代表「他人」，平等關係中的對方、合作夥伴，或者是競爭對手。出生時鄰近下降點的行星也常常代表最能吸引自我的他人，在「白羊座」一節中提到過的德國前總理施若德（參考星圖十三），水星就在下降點旁。在他74歲時迎娶了比自己年輕二十五歲的第五任妻子，新妻從事的是翻譯工作；施若德第四任妻子則是一位記者。占星術的職業論斷上，水星代表的工作也包含：

語言、寫作——翻譯或記者都是。

　　從下降點起始的第七宮，也掌管著合作契約或法律約束等生活領域。對於現代都會男女而言，下降點以及第七宮最被關注的還是婚姻與伴侶關係。再以伊莉莎白·泰勒（參考星圖七）的第七宮爲例，巷議她跌宕的伴侶關係——泰勒命盤上的下降點落在雙子座，第七宮雙子座的人，合作或伴侶關係上除了會在意雙方的溝通是否順暢外，同時也比較隨性，或者說是不穩定；在感受到被束縛或溝通上不順暢時，關係就容易生變。七宮的主星水星也是整宮制的第十宮的主星，緊靠太陽，以古典占星的觀點看，正在「核心區」內——行星與太陽相聚於17'之內，可以得到太陽的恩寵與提攜。於是，演藝事業得遇貴人而成功，同時也爲她帶來朵朵桃花。太陽除了是丈夫、上司的象徵外，也對一個人的戀愛起到關鍵作用，尤其是落在雙魚座的太陽——感情豐富、難耐孤單，非常需要精神上的寄託。再看那高掛上空的海王星，正衝太陽和水星，且水星和海王星互容。藝術成就外，海王星的夢幻與曖昧不明總讓泰勒感到不安定而無止境的追尋。以上短短數言僅就七宮粗看泰勒的伴侶關係，當然，論命不能只以一或兩個徵象就做論斷，必須全盤考量。西洋占星術論戀情以及伴侶關係，更常把重點放在第五宮、金星以及月亮。

戀情、伴侶關係

· 出生時金星所在的星座象徵一個人內在的女性面，也指出一個人會以什麼方式來爭取所愛；如果金星的凶相位多，則情路坎坷的可能性高。例如，泰勒的金星落在白羊座，入陷。對待感情的態度較自我，也較獨立自主。同時，也會主動積極去爭取所愛。而她的金星和八宮裡的冥王星形成相位，除了強烈暗示她突破性愛禁忌的態度外，也指出她在人際關係上

掌控／被掌控的心理失調問題。

· 月亮承載著一個人從幼年時期開始的依附經驗，這將影響成長後的內在安全感，以及愛，尤其是與其祂行星形成相位影響下。當月亮與金星形成相位，特別容易表現在戀愛以至婚姻上，月亮和金星都與感情有關；而月亮與火星形成相位，常能帶來強烈反應和激烈手段，也包括在情感上。泰勒的月亮落在天蠍座，入弱，與象徵冒險、多情的木星形成四分相，與太陽和七宮主星水星形成三分相。

· 命盤中的火星代表性和行動力。如果火星落在代表戀愛的第五宮，在愛情上較積極，常會採取主動，也可能給對方帶來侵略性和壓迫感，或者是，會遇到帶火星特質的戀人。還須從與五宮火星形成相位的行星進一步去做判斷。

· 命盤中的第五宮，所在的星座常可以看出一個人對愛情的態度；宮主星的狀態與所落星座、宮位則指示出與戀情關聯的生活領域或戀愛運勢；五宮內的行星代表戀愛中可能遭遇的狀況。整宮制下，泰勒的第五宮在熱情、主動、自我的白羊座；五宮主星火星落在浪漫與沉溺的雙魚座，對衝浪漫與沉溺海王星；五宮內還有散發著魅力的金星和反傳統的天王星。

· 小年輕們常會遇到「相愛容易相處難」的問題——當兩人通過你追我趕的階段，成爲一對戀人後，就會在第五宮外多了第七宮帶來的影響。第七宮除了掌管伴侶關係外，也象徵對手。第七宮所在的星座常可以看出一個人對婚姻的態度；七宮宮主星的狀態與所落星座則指出他的婚姻狀態和對於婚姻的期待；七宮內的行星代表戀愛中可能遭遇的狀況。泰勒的第七宮落在善變的雙子座。

再列舉十七世紀占星學家Lilly對於婚姻的幾個論點——

- 如果男子的月亮和金星落在第六、八、九或十二宮，而且又在荒地星座（處女座、獅子座、雙子座），則他可能會保持單身，或是厭惡婚姻。

- 如果男子的金星、火星、土星，都屬於「周遊外地」（Peregrine）狀態，且彼此間又形成相位，暗示同時有多名伴侶。但是，如果男子的月亮或金星被土星所刑剋，結婚的意願不高。

- 男子的出生木星與金星，或是木星與月亮，形成良好相位，則妻子出身高貴、富裕。如果是七宮主星落在命盤的第八宮，則妻子的大筆資財可以給自己帶來助益。

- 出生時的金星落在第十二宮，婚姻不順。如果，木星又同在十二宮，妻子的身家較低。

- 男子第七宮內的行星可以看出妻子的性格、品質、嫁妝。

- 女子的婚姻徵象星包括：太陽、火星、七宮主星、七宮內的行星。如果女子的婚姻徵象星落在水象星座，和吉星間有良好相位關係，則她的婚姻狀況良好；如果女子的婚姻徵象星落在第六、八、十二宮，又受到凶星所刑剋，該女子不婚的可能性高。泰勒的太陽、月亮、火星，以及七宮主星水星都落在水象星座。水象星座的影響下，容易受到外在環境影響而波動，內心敏感而感情豐富，甚至一些帶有偏見的人會認為浪蕩。

- 女子命盤的第七宮（下降點）所在星座代表丈夫的體形、樣貌。七宮主星的狀態則代表丈夫的狀況，再加上出生時的太陽狀態來做判斷。丈夫是否富有則以女子命盤的第八宮判斷，包括八宮主星狀態和第八宮內有哪些行星？祂們的相位關係？

雖然，在此列舉的僅是部分論點，並不周延。何況Lilly的占星觀點必然是從十七世紀當時的社會環境出發，不見得符合現今社會的價值觀。但是，今人從這些早期的古典占星論點中，也能看到占星理論上的脈絡，還是值得學子參詳。

天頂與天底

　　星盤的上升和下降兩點拉出了地平線，從第七宮到十二宮是白晝的天空，從一宮到第六宮是夜晚的星空。如果在地平線的中央、你所站的位置，南北方向再畫出一個大圓（子午線），在天球南邊與黃道相交的點是天頂，北邊的則是天底，天頂與天底在黃道上相隔180°。而天頂到天底這條軸線則被比擬爲扎根在大地上的一棵樹，矗立於上升—下降軸線，上半部伸向天空，下半部深入地底。我們的星盤上，黃道十二星座的大圓中包含著一個十字，象徵的正是那句煉金術箴言：「一棵樹，如果想要將枝葉伸展到天堂，必須先將根深深扎入地獄。」從天底起始的第四宮代表的是一個人的情緒安全感所在，影響到他是否能夠輕鬆建立起穩固的關係，進而在社會上自在的表現。而以天頂爲起始的第十宮則代表一個人與社會的互動，是根植於家庭的。

　　天底起始的第四宮常被定義爲「根源」，代表一個人的父母、家庭、房屋，或心理上的歸屬感，也指出一個人如何能夠獲得安全感。舉例說，天底位在天蠍座的人，內心總是藏著祕密，不輕易洩漏，爲的是保護自己。如果天王星落在第四宮，代表的可能是他那離經叛道的父親或母親，也可能是某位家族成員帶有天王星式的天賦。其實，第四宮裡的天王星更常見的是，帶來冷漠、疏離的家庭氛圍。美國知名女演員安潔莉娜‧裘莉（參考星圖二十三）的第四宮就有天王星——在她5歲時父母就離異了，她與父親的關係長期不和，甚至曾經斷絕過父女關係。她的父親也是著名演員，而且多演反派角色，還獲得過奧斯卡最佳男主角的殊榮。

　　直觀上，星盤的天頂在南方天空抬頭可見之處，可以說是，自我或社會大眾所仰望的位置，所以天頂的狀態常常能夠代表一個人在事業上的表現。而靠近天頂左右的行星也會對一個人的職業、外在特

質，以及人格有著明顯的影響。如果從心理投射的角度來看，天頂（所在的星座、定位星、乃至第十宮內的行星），暗示著一個人所期待、仰慕、尊崇，以及成長過程的努力方向。因此，天頂落在白羊座的人很可能就會認同在外的表現應該要充滿勇氣、有衝勁的樣貌。成長後的他自然也就發展出這份白羊座的特質。而天頂落在雙魚座的人，在社會上所表現出來的特質可能就是比較散漫的、無所謂的。同時，可能會仰慕有慈悲心與大愛精神的長者，自己還因此一步步走向為大我犧牲的道路。

象限宮位制以天頂為第十宮的起始點，如果使用的是整宮制或等宮制，十宮的起點就不在天頂，甚至天頂不一定會落在第十宮內。那麼，要如何分別天頂與第十宮的占星意義？一般會以第十宮代表一個人與社會的互動和對於社會名聲的追求；天頂則代表事業上的表現。曾經在某命理網站看過前輩的貼文：一對龍鳳胎姊弟，在二十一歲生日過後不久，當時還是美術學院學生的姊姊出家去了。弟弟在表面上倒是沒有發生什麼特別的大事。在此，僅就姊弟倆的尖軸與宮位的異同做簡單描述——兩人出生時間相差75分鐘，上升點都落在巨蟹座，行星的黃道位置也都幾乎相同，以整宮制看，行星所在的宮位也都一樣。較明顯的差異在於，姊姊的天頂落在浪漫、慈悲、犧牲的雙魚座，弟弟的天頂則在白羊座。天頂星座不同，定位星也就不同、狀態各異。如果配合上推運和行運，從流年看命盤中的哪些點被觸動，可以看到更多徵象。

除了上升、天頂、下降、天底四個基本點外，十二個後天宮位也分別代表人世萬象，或者是個人生活的各個不同領域。儘管存在多種不同的宮位劃分法，使用上對於各宮位的基本意義，以及所代表的生活領域、事物，大致上還是接近的。即便如此，占星師們對於各宮位還是可能會有自己的衍生解釋，當然，不至於有太大歧異。而更大的差別是班傑明・戴克博士在《當代古典占星研究》一書中所說的：

「古典占星的觀念認為，本命星盤所描繪的是環繞在命主周圍的世界。」古典占星學主要是以第一宮（包含第一宮主星、宮內星、上升點）以及與上升點形成相位的行星代表「我」，其餘宮位則關連到生命裡的其他人事物。而「現代占星則認為，本命星盤是透過一個人的思維、想法而顯現的一幅圖像。」也就是說，現代占星學認為整個命盤都代表著「我」——第五宮是我的喜好、第六宮是我的工作態度……。不同時代的占星師，對於星盤上的符碼所代表的意涵會隨時代與社會的變遷而有不一樣的認識。

星格

再以東、西方命理學都樂於討論的「格局」論來看古代與今日論命觀點上的差異。今人楊國正老師寫過多篇關於希臘占星學的文章，在介紹古典占星學上對眾多學子起到醍醐灌頂之功，在此我也就拾人牙慧，攫取楊老師所整理的中世紀占星大師阿卡雅特所論述的星格高低大要，以饗讀者。

- 希臘時期的占星家認為，白天由太陽所主宰，而夜晚則是太陰所主宰，因此晝生人的太陽、夜生人的月亮所落的星座特別重要，占星師可以由「晝之日」或「夜之月」所在星座的三顆三分主星來理解此人一生的初、中、晚三個時期的基本運勢。據阿卡雅特所論，三分主星喜落在後天的吉宮、並且不受到凶星的交角（整宮制下的相位）。
- 星盤中的吉星落在角宮（始宮）內，而凶星落在果宮內，則主其人一生發達。
- 太陽和月亮處於黃道上的「先天尊貴」位置，後天吉宮位置，與吉星會合，或者獲得吉相接納，主其人能一生快樂並居高位。

- 如果命主星與月亮落在角宮內，不與凶星形成相位，或是月亮入相於在角宮內的行星，則主其人發達豐隆，尤其命主星與月亮被接納時。如果命主星落在果宮，但與角宮星成入相，則主歷經努力而後得享富裕。如果命主星入弱，或入果宮，但是也入相躍升或本垣星，亦主歷經努力而後成功。

- 如果福點與其定位星不受凶星交角，而東出星在角宮內與命宮（命度）有交角，主其人一生富裕長久並得名譽。如這些徵象星落入果宮且受克，則主事業不利難言富裕，尤其當這些星與命宮無交角。

- 所忌星象：凶星落在第十一宮；凶星會合福點或合晝生的太陽、夜生的月亮；福點或其定位星與命宮無交角或與晝日夜月無交角。

我們以美國第四十三任總統小布希的命盤為例，套用上述的星格高底法則——

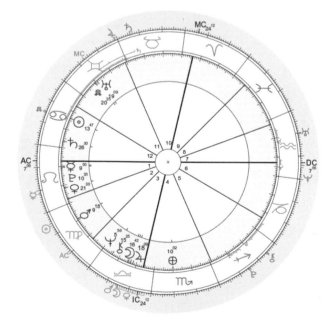

*星圖十五·喬治·沃克·布希（George Walker Bush）/ Placidus houses system

- 小布希是晝生人，出生時的太陽、月亮、水星、金星都不在先天尊貴位置，而是Peregrine狀態，而且命主星太陽和月亮都落在果宮。幸而巨蟹座的太陽被定位星月亮所接納，暗示歷經努力後可以獲得成功。
- 太陽落在巨蟹座，巨蟹的三分主星：金星、火星、月亮。代表人生第一個階段的金星落在吉宮，但是，代表人生第二、第三階段的火星、月亮並沒有落在後天的吉宮。
- 吉星金星落在角宮，木星落在果宮，而凶星土星落在果宮，火星落在續宮。差強人意吧！
- 福點落在天蠍座10°，定位星火星與入陷的土星交角（整宮制），與命宮無交角。

　　從以上幾點看，小布希命盤裡的星格也不是太優啊！事實上，除了小布希當選了兩次美國總統外，他的祖父也曾經擔任過兩屆參議員，他的父親老布希是美國第四十一任總統，還有一個弟弟當了兩屆的佛羅里達州州長，家族的其他成員中還有很多成功的銀行家和商業巨賈，也算是一個顯赫的家族。這麼一位出身世家，掌握著現今世界最大權柄的美國總統，怎麼能沒有高格局的命盤呢？更過分的是，另有一些古老流傳的占星法則說：「日、月同入第六、十二宮；凶星入日、月星座；或凶星入福點星座；或凶星入命宮、角宮、續宮，爲奴隸。」小布希隱隱約約還沾上點邊。「奴徵」說，以今日眼光看當然是過時的產物，畢竟，今日人文難容奴隸制度。但是，現代社會不也存在著新興的另類奴僕？甚至政府高官也被定位爲人民的公僕。所以先別急著對古典占星的法則嗤之以鼻，來個逆向思維先：位居要津是享受富貴？還是套上枷鎖？戮力從公的宋朝宰相王安石就曾感嘆：「爵祿實天械，功名爲桎梏。」

　　再有一個有趣命理現象：許多案例是在世俗眼光中的「不好」流年取得權位！就拿小布希來說，2001年就任美國總統時，行運北

月亮交點趨近他的出生太陽的位置，命盤的十二宮內。這個時候固然能夠獲得認同、地位提升，但是，第十二宮也是麻煩、憂慮和孤獨之地。再加上行運海王星也正趨近出生時的下降點位置，海王星帶有犧牲、奉獻傾向，也有欺騙、模糊，和消融的力量。小布希上任還不及九個月就發生了「九一一事件」，隨之而來的是美國發動一連串的反恐戰爭。此外，美國前總統川普（命盤參考星圖四十三）2017年就任總統時，象徵責任和壓力的土星也正好走到與他出生時的太陽對衝的位置！也只能說，一個人獲取高位常是因為上天選擇他來承擔責任，豈能沒有犧牲與奉獻的覺悟？

從小布希的星格看似不高以及川普在不佳的流年取得大位的例子可知，論命不能食古不化，更不能隨意套用格言式的法則。理解時代背景，調整對人生、社會的觀察點以符合潮流，才能看出命盤當事人的真實處境與感受。

雖然學習古典占星的占星師們並不贊同，現代占星老師以相同數字順序的黃道十二宮與後天十二宮做對應，但是，對於占星學的初學者，這種對應方式對於後天十二宮的初步認識還是有一定的方便——第一宮的意義類似白羊座，第二宮的意義類似金牛座……；第四、八、十二宮是「水象宮位」，第三、七、十一宮是「風象宮位」，第二、六、十宮是「土象宮位」，第一、五、九宮是「火象宮位」。

在日常生活中我們不難發現一定程度的天人相應，不過，以目前人類的智慧還是無法參透天道，天人相應也只是概念，真要做出一對一的對應，總有扞格。何況天道千年不易，人類社會的變遷則顯得平常，也因此代表生活領域的後天十二宮定義駁雜。試舉一例：古典占星學和卜卦占星中，小動物和寵物是屬於第六宮的領域，因為第六宮的基本意義包括「奴僕、奴役」。寵物和我的僱員、下屬都得靠我來養，都歸於第六宮。而現今許多占星師則主張，寵物屬於第五宮的

領域，因爲第五宮與喜好和興趣有關，也包括「娛樂」、「戀愛」和「子女」。寵物爲許多生活在今日社會的人們帶來歡樂和心靈寄託，飼主也不再以主人自居，而是把寵物當成家人、自家小孩，甘心當個「剷屎官」。其中的差異，除了時代的哲學思潮影響下人們對待生命的觀念不同，也反映出古典占星學與現代占星在立論基礎上的差別。

　　以下先簡述後天十二宮所指涉的領域，特別是出生時木星或土星落在各宮位的可能影響。土星是傳統星占術所認爲的大凶星，常給某一面向帶來侷限；木星除了象徵幸運、機會外，命盤上的木星也是一個人自我「擴展」的表現，代表信仰、成長——所謂「高八度」的太陽。我也在各宮位舉出一例出生木星落入該宮位的名人，並以其簡略生平對照，看看有否幾分相合。

第一宮：身體／自我的呈現

　　一個人會經由第一宮經驗到外在環境，或者說是，吸引來人生的經歷；也會藉由第一宮被外界看見，呈現自己的形象，包括身體、外貌、言行上的表現。第一宮的起始點所在的星座（上升星座）也常是一個人被看見的態度、給他人的第一印象。第一宮內的行星常能突顯一個人的個性和天賦的特殊才能。例如，木星落在命盤第一宮的人，自信、樂觀，言行上給人誇張、戲劇化的印象；也可能是表現出木星的智慧，精神上的富足。

　　· 命盤上木星落第一宮的名人：天主教會第265任教宗本篤十六世。他是家中最小的孩子，有一個哥哥和一個姊姊，家境算是小康。雖然在十四歲時加入了當時德國孩童都必須參加的希特勒青年團，最終他還是走上神學之路。本篤十六世通曉十種語言，又以其敏銳、深刻的思想在天主教的神學界脫穎而出，於梵蒂岡第二屆大公會議期間擔任大會神學顧問。三十歲獲得大學教授資格，隨後在多所大學擔任神學教授。2005年4月19日，在他的78歲生日前三天被選任教宗。本篤十六世出生時的木星以1.5°的距離合相上升點（參考星圖三十九），除了自信、樂觀、追尋真理的表現，他在就任教宗七年十個月後因健康和年老等因素辭職——是過去六百年來唯一一位請辭的教宗。木星也是一顆不願被束縛或限制的行星。

　　如果是土星落在第一宮，他可能會是個嚴肅、保守的人，難以輕鬆的展現出自信，甚至帶點自我懷疑，不能勇敢的表現自我。但是，他們又希望別人能看到自己的專業和踏實的一面。同時，土星在一宮的影響，身體狀況普遍會比較差，這很可能來自過重的精神壓力。

第二宮：資產、財運

第二宮的起始星座常能代表一個人的價值觀，以及對待金錢的態度。從第二宮主星的狀態也可以看出一個人的謀生能力和獲得金錢的方式、運氣；第二宮的宮內行星則象徵人生中的財務表現。例如，木星落在命盤第二宮的人，一般能有較好的金錢運勢，擁有強大的獲取財物的能量。另一方面，木星的擴散性和精神性的影響下，木星落二宮的人可能對於金錢並不太在意；木星的冒險性、盲目樂觀，甚至可能會給木星二宮的人帶來金錢上揮霍的習慣。

· 命盤上木星落第二宮的名人：曾任微軟董事長、CEO的比爾‧蓋茲（參考星圖三）。1995年到2007年的《富比士》全球富豪榜中，他連續13年蟬聯世界首富。其實，比爾‧蓋茲從年輕時就很懂得賺錢，他也不僅投注於電腦、軟體事業，對生物技術也很感興趣，也投資「人造蛋」。他曾主張：「我們可以在人造蛋裡添加開發中國家飲食缺乏的營養素，解決人民營養不良的問題。」2000年，他成立了全球最大的慈善基金會「蓋茲基金會」。蓋茲基金會每年在開發中國家投入的金額接近在美國投入的十倍之多。他也對於川普的「美國優先」外交政策表達憂心。他認為，歷史證明，與世界緊密銜接才能讓每個人都受益，包括美國自己。2019年末新型冠狀病毒疫情爆發，2020年初蓋茲基金會捐助五百萬美金支援中國政府防疫，後續再投資一億美金支援長期藥物研發。第二宮裡的木星帶來金錢上的好運、物質（「人造蛋」）上的探索外，也藉由將資源擴散以獲取精神上的滿足。

土星除了帶來「檢視」外，在命盤上也常能指出一個人的弱點所在。當土星落在命盤第二宮，將在個人的錢財或價值觀上體現——

也許眞的在童年時遭遇過物質匱乏的狀況，或者是對於奢華生活的渴望，他會不斷去累積財富，建立物質生活的保障。另外一種表現方式可能是，對於自身價值的懷疑，甚至是貶抑自我。

占星術論財富

占星上論一個人是富或窮、財運如何，除了看「福點」、木星外，還會以命盤的第二宮爲重點，包括二宮主星和二宮內行星的狀態。不過，二宮的徵象主要指向正財部分，一般常說的偏財，包括繼承的遺產、配偶的財產、保險和共同基金，通常會以第八宮的徵象來判斷。至於賭博帶來的意外之財或損失，則是以第五宮的徵象來判斷。以下擷取前輩們對於命盤第二宮與個人財運關係的幾個觀點——

- 如果二宮主星入廟或入旺，吉象多，通過努力而獲取財物的過程較順利。至於錢財將從何處來，從二宮主星所落宮位或形成相位的行星看。例如，比爾·蓋茲的二宮主星太陽落在五宮，財富累積與投資、遊戲、娛樂事業有關；太陽與天王星形成相位，天王星代表新科技、突破傳統的觀念。（命盤參考星圖三）

- 從命盤二宮內的行星也能看出錢財來源以及獲取財富要面對的問題，例如，比爾·蓋茲二宮內的木星除了暗示他錢財方面的幸運外，也帶來擴張性與冒險性。1990年代末美國政府開始控訴微軟壟斷行為，蓋茲也被指為商業行為不檢點。

- 命盤中的財務困難徵象：太陽、火星、土星，或是南月亮交點落在第二宮；二宮主星或宮內星被火星、土星、天王星之一所刑剋。雖然，比爾·蓋茲的二宮主星太陽與天王星呈四分相，但是，天王星被太陽所「接納」，有所解救。但是，他二宮內的木星與象徵收縮和限制的入陷土星，也是第七、八

宮主星，形成四分相。1990年代末，當行運土星在白羊座、蓋茲的第十宮徘徊時，木土相位終究還是帶來了法律的檢視。

· 命盤第二宮的宮內星和宮主星，處於逆行狀況、入弱或入陷較多的話，也象徵財務困難的可能性。

· 如果火、土、天、海、冥王星落在命盤第二宮，且受剋嚴重，也象徵財務困難的可能性。蓋茲的第二宮內除木星外，還有一顆冥王星，且四分第五宮內的金、土合相。

· 如果命盤中的大部分行星落在地平線下方（第一到第六宮），而且受剋嚴重，財務困難的可能性大。除了上述幾點財務困難的徵象外，比爾·蓋茲命盤中的行星也幾乎都在地平線之下，只有一顆月亮在地平線之上，關於此，下文〈職業與工作在占星上的徵象〉中將以七政四餘的觀點另做解釋。

福點

以行星、星座、後天宮位來論斷一個人的貴賤窮通，有的時候會和真實狀況扞格互異，是這套技法有不足之處嗎？因此，就如同中國的命理學裡引用了許多「神煞」做為論斷參考，西洋占星術則在恆星與行星外引進許多「特殊點（Lot）」。這些參考用的虛點被稱為希臘點，或者稱阿拉伯點。雖然，在占星術發展的歷史中曾經出現超過一百多個虛點，不過，現代占星術較常使用的只剩下少數幾個，而「福點」，或稱「幸運點」，是最常被討論的。

命盤中的福點除了指出一個人的運氣好壞外，能看出他在生活上是平順或崎嶇外，也指出他所追求的和內在的慾望，包括：男女之情、子女的照顧。不過，福點最常被應用的領域還是在財富的論斷上。早在托勒密時代，就常透過福點來判斷一個人是否擁有財富——福點的定位星（所在星座的守護星）的位置、力量，以及與其他行星

間的相位；福點本身與其祂行星的相位關係——這些都是重要的論斷依據。特別是太陽、月亮與福點或福點的定位星形成了相位的人，常能擁有較多的財富。在古典占星學中，還可能進一步觀察太陽、月亮、福點的界定位星間是否形成相位關係。

關於福點的位置，曾經有過不同的計算方式，現在比較普遍使用的是：晝生人命盤中的福點位置，從月亮到太陽（正或負）的度數，加到上升點的位置；夜生人命盤中的福點位置，從太陽到月亮（正或負）的度數，加到上升點的位置。以比爾・蓋茲為例，他是夜生人，太陽到月亮的度數為-153°12'，命盤中的福點位置就從巨蟹座26°58'的上升點「倒退」153°12'，在水瓶座23°46'。比爾・蓋茲的福點與出生木星呈對分相，又與定位星土星以及十一宮主星金星都呈四分相，金星、土星還都落在木星之界。雖然土星是屬於Peregrine狀態，但是，與十宮主星火星處於廟旺互容。（命盤參考星圖三）

再以世界上最成功的投資者巴菲特為例——他的福點落在雙魚座24°4'，定位星木星，也是命主星，落在整宮制的第八宮巨蟹座裡，屬於強勢位置。福點本身除了與自己的定位星三合外，也與上升點形成四分相，整宮制的觀點下還與日、月形成了相位，月亮是投資宮位第八宮的主星。福點的定位星木星也與天頂、入廟的金星形成相位。

星圖十六・美國投資家華倫・愛德華・巴菲特（Warren Edward Buffett）

第三宮：兄弟姊妹、親戚／基本的認知與學習

　　從第三宮可以看出一個人的心智發展狀況、與人溝通的方式，這些來自於童年的學習環境，也是人生中對外探索的第一階段過程。第三宮內的行星，尤其是指凶星，也常暗示一個人在短程旅途、交通上的運勢。如果木星落在命盤的第三宮，可能會讓一個人在言語和溝通上表現得誇大、膨脹，或者在日常生活中將信仰和信念傳達出去。另一方面，木星的「遠距離」特性，也可能會讓木星三宮的人藉由異國文化的形式來表現生命。

　　　·命盤上木星落第三宮的名人：二十世紀最性感男星羅素‧克洛，他在電影《神鬼戰士》（Gladiator）中飾演被陷害而淪為在競技場上進行殊死搏鬥的羅馬帝國將軍麥希穆斯。羅素‧克洛也被形容為好萊塢的「壞小子」——攻擊同事、辱罵粉絲、鬥毆鬧事、對媒體叫囂。2001年的作品《美麗境界》為羅素‧克洛贏得了包括英國電影學院獎最佳男主角在內的多個表演獎。在英國電影學院獎的領獎致詞中，他吟了一首長詩，獻給病情惡化的演員李察‧哈里斯（《神鬼戰士》裡飾演年邁的羅馬皇帝）。但是，頒獎典禮實在拖得太長了，典禮的製作人砍掉部分克洛的吟詩片段。事後知道的克洛毫不留情用髒話飆罵，還是當著典禮製作人的孩子面前，這十分不符合西方社會的禮儀。除了木星落第三宮外，羅素‧克洛的第三宮落在白羊座，以及水、木合相，又與月亮形成四分相，這些徵象倒是與他的誇張言行十分符合。

　　如果是土星落在第三宮，可能會在心智發展，或學習、溝通上，面臨障礙。這可能源自於童年受教育的機會受到限制或是受到嚴苛管教。此外，第三宮的土星還可能代表了某位兄弟姊妹或朋友的特徵，甚至他們可能會給當事人帶來負擔。結巴和口吃是土星三宮比較極端的例子，自己或是兄弟之一。

第四宮：父母、家庭／房屋、不動產

第四宮指出一個人的歸屬感、安全感為何？「根基」是穩固還是紛亂的？第四宮也代表一個人的童年，尤其是指童年的「依附」經驗，這會影響到他的情感和本能反應。例如：第四宮在天秤座的人，童年常是生活在和諧的環境中；第四宮在天蠍座的人，內心比一般人更為深沉難知。另一方面，傳統的占星術又認為，天底是一切事物的結束，卜卦占星中的第四宮也代表一個人的晚年生活。如果是木星落在命盤四宮，他通常能從家庭中獲得實質的或精神上的富足感，或者他會將家庭的定義擴大到血緣之外、精神層面——將朋友、同事當作家人，甚至擴大到民族國家。

· 命盤上木星落第四宮的名人：二戰期間著名的軍事指揮官蒙哥馬利元帥。蒙哥馬利生在富有的鄉紳家族，父親是位愛爾蘭教會牧師，但是，對於吝嗇的母愛，他在晚年的回憶錄中寫道：「我可以說我的童年生活是不幸的，這種不幸完全來自我的母親。」1942年，在北非的英軍瀕臨崩潰之際，蒙哥馬利接任了第八軍團司令，大破「沙漠之狐」隆美爾的非洲軍團，扭轉北非戰局。但是，蒙哥馬利的愛情卻相形黯淡。他從年輕時就討厭社交，全心投入於他的軍事事業，一直到三十八歲仍然沒有結婚。有人開玩笑說：「軍隊就是蒙哥馬利的妻子。」然而，在一次休假中蒙哥馬利在瑞士認識了他的妻子。不幸的是，婚後僅僅十年，他的妻子竟然得了敗血症。即使做了截肢手術，病情也未好轉而離世。蒙哥馬利的命盤中，天底落在天秤座，整宮制下的第四宮在天蠍座。天蠍座的特質是他身為軍事將領的內在本能，天秤座與第四宮內的木星代表他的牧師父親。

如果是土星落在第四宮，常指向嚴格的父母，或是童年生活在冷漠的家庭氛圍中，成長於艱苦的環境裡。不論是父母離異或父親早逝，還是其他什麼緣故，缺乏愛的童年會在成年後表現出對於情感的不信任。同時，他又渴望能夠緊握住某種能帶來安全感的實質代表物，土地與房屋是常見的選擇。

第五宮：子女／娛樂

　　第五宮與一個人的興趣、創造力、自我呈現有關，並衍生出帶來歡樂的或是自我目標。因此，也與對待愛情的態度、戀情發展、子女或寵物相關。而在卜卦占星中，娛樂圈或股市，以及短期的投資、投機行為，也是以第五宮為代表。休閒活動、刺激的冒險活動，或是運動，也是以第五宮為代表。此外，現代的選舉活動也以第五宮為代表。如果是木星落在第五宮，他可能會有著廣泛的興趣，特別是在刺激和冒險的事情上。同時，木星的擴張性、冒險性與第五宮的追求歡樂、投機相乘之下，在戀情關係中常帶來劈腿的可能性。

- 命盤上木星落第五宮的名人：第三十八任美國加利福尼亞州州長阿諾‧史瓦辛格（命盤參考星圖三十六），也是健身運動員和演員。但是，以演員的表現而言，史瓦辛格的演技一直都不被肯定，倒是以肌肉男的形象為眾人所熟知。1986年，史瓦辛格與著名的電視記者、前總統甘迺迪的外甥女瑪麗亞‧施賴弗結婚，他們育有二子二女。2011年夫妻分居，史瓦辛格承認自己與家中女傭發生了婚外情，並生下私生子，當時小孩已十三歲了。此事造成兩人關係生變，但為了不影響史瓦辛格的形象一直沒有公開。雖然阿諾的婚外情被發現之初，元配一度選擇原諒，後來卻又發現他的婚外情還持續著，甚至抓姦在床。這讓她顏面盡失，才氣得搬離豪宅並訴請離婚。直到2017年兩人才正式離婚。阿諾‧史瓦辛格的五宮木星與他的興趣、事業、自我呈現、戀情上的表現都有明顯關係。當然，婚外情是隱密的關係，也與第八、第十二宮有關，阿諾的五宮主星火星就落在代表隱匿、麻煩的第十二宮裡。第五宮的主星落在第十二宮，除了暗示婚外情的發生外，也是婚外生子的徵象之一。

如果是土星落在第五宮，則可能阻礙自我呈現和創造力的發揮，這可能源自於父母將他視爲附屬，導致土星五宮身分認同上的弱化，甚至帶來自卑感而限制了戀情發展，也可能是，在戀愛關係中把責任看得比浪漫更重要。五宮的土星也可能代表帶來沉重負擔或麻煩的子女，又或者是，與孩子間的關係疏離，不親近。

第六宮：奴役／疾病

在世俗占星裡，第六宮代表下層社會、勞工階層，或是公共衛生、疾病。個人占星中，從命盤第六宮所在的星座與宮內的行星可以看出一個人的日常生活習慣以及工作態度，進而指向健康狀況，包括身體與心理方面。同時，也影響到一個人在職場上的人際關係，尤其是指與部屬間的關係。例如，第六宮在金牛座的人工作態度給人踏實的感覺，同時，他們擅長於資源的攫取與運用。而木星落在第六宮的人，可能會在工作上投入過多精力，也因而帶來健康問題；又或者，會在日常生活中、工作場合裡展現自己的理想和宣揚自己的理念。

· 命盤上木星落第六宮的名人：法國哲學家、劇作家、小說家、政治活動者尚——保羅·沙特。他的命盤第六宮落在金牛座外，傳統觀念的吉星金星、木星也都落在第六宮。日常生活中的沙特喜歡看電影、聽爵士樂，還經常在巴黎街頭的咖啡店裡寫作，他一生都保持著這個習慣。他平時的生活放蕩不羈，大量的咖啡、酒精外，也習慣使用迷幻藥和安非他命。他與很多女性有過曖昧關係，其中有多位女性一直接受他在生活上的資助。但是，沙特也從未斷絕與愛人西蒙·波娃的關係。他在五零年代積極投入政治活動，還因此贏得了「世界良心」的聲譽。但是，沙特一直沒能得到學院派的承認，雖然聲名顯赫卻只能在中學執教，從未正式進入到高等學府任教。同時，沙特又是現代史中少數能在生前享受榮耀的哲學家——法國的中學生必讀他的作品，沙特的舞台劇也叫座。但是，獲得諾貝爾文學獎的他卻拒絕前往領獎：「那只是布爾喬亞階級的遊戲」。雖然這麼說，沙特自己應該也算是小資產階級吧！

如果是土星落在第六宮，通常健康狀況不佳，起因除了工作操勞外，更多是由於慣常生活在緊張和壓力之下。同時，他們的日常總是以土星的特質做為面對生活的方式，也因此，規律作息或檢視身心健康也是土星六宮的發展之一端——在人格漸趨成熟的過程關注身心的平衡，並加以統合。雖然第六宮在傳統上屬於無力、凶宮，但是，第六宮也是一到六宮所代表的人格發展過程的最後終點。

占星學的健康論斷

中國的七政四餘論命將命宮算起的第八宮稱爲「疾厄宮」——「看疾厄，先看命度、身度是否受剋；更看疾厄宮何星坐其上，火羅計孛刑囚暗耗諸凶併會其上者，主重疾！」除了命盤的第八宮，西洋占星術在疾病的論斷上更注意第六宮的狀態。占星師會先從命盤第六宮所在的星座與宮內星看一個人的日常生活習慣以及工作態度，再加上六宮主星的強弱、相位，推測可能帶來的健康問題。在「第一章」開頭部分，談論「恆星」時曾提及，患有先天性青光眼的義大利男高音歌手安德烈‧波伽利山生時的八宮主星火星會合了與個人眼睛疾病有關的昴宿六。另有一個例子，台灣一位知名女主持人在2000年時生下一對龍鳳胎，兒子因罹患「非典型虹彩炎自體免疫攻擊」導致一隻眼睛是弱視接近全盲。孩子出生時的土星正在雙子座 0°55' 逆行，接近昴宿六。如果以當時媒體所報導的生產時間來看，土星會是他命盤裡第六宮的守護星。

除了第六宮外，第四、八、十二宮也是與健康較爲有關的宮位，這些宮位內的行星，以及與祂們形成相位的行星，還有這些宮位的宮主星狀態，都是討論健康與疾病的重點。而命盤的上升點、命主星、第一宮也代表著一個人的先天體質，影響深遠。錯綜複雜的關連中，再列出西洋占星術裡的幾項論斷健康與疾病基本原則——

- 出生時的太陽對於男性的健康狀況影響特別大，入廟或入旺象徵生命力強，若是與火星或木星形成正面相位也代表旺盛的生命力；出生時的月亮則對女性的健康狀況影響特別大，入廟或入旺象徵生命力強，若是與火星或木星形成正面相位也代表旺盛的生命力。如果是入弱或入陷，或是落入第六宮或十二宮，又或者是被火、土、天、海、冥王星刑剋，暗示生命力虛弱，甚至可能從小就體弱多病。

- 出生時的上升點所在星座的特質也能指出健康上的問題。如果上升點與金星或木星形成相位，健康情況較佳；如果是與土星或三王星形成相位，體質上可能會較差；如果是與火星形成相位，則以火星與其祂行星的相位關係判斷。

- 某行星的凶相位多，暗示該行星所代表的身體部位容易發生疾病，尤其是該行星又處於入弱或入陷位置；若是行星入廟或入旺，則所生疾病較輕。

- 行星也可能指出疾病發生的原因，當祂與上升點形成凶相位時，或與其祂健康相關的行星形成凶相位時；第六宮主星所在的位置也可以指出疾病發生的原因或是關連的生活領域。

- 除了行星可能代表發生疾病的身體部位外，被嚴重刑剋的行星所在的星座也可能指出疾病所在的身體部位。

　　雖然未經醫學專業訓練的占星師要論斷個案的健康問題有其侷限性，但是，藉由占星術所見的徵象提供當事人先天身體稟賦的強、弱部分，進而在平日就多加注意可能出現問題的部位以及病因，善加保養和預防，這是現代占星學應用在健康論斷的原意。以下表列行星和星座所主管的身體部位以及可能引起的疾病——

	行星所主管的身體部位	行星關連的疾病
☉	心臟 血液循環 脊柱 身體的背部 頭腦 男人的右眼或女人的左眼	心臟疾病 脊柱或的背部疾病 眼疾 歇斯底里症 記憶力衰退 脾臟疾病
☽	胸部 乳房 腹部 胃 腸 消化器官 卵巢 子宮 神經系統 潛意識作用	消化器官疾病 子宮疾病 情緒壓抑 憂鬱 神經異常 歇斯底里症 腫瘤
☿	呼吸器官 大腦 眼睛 感覺意識 嘴 喉嚨 聽覺 視覺 神經系統 甲狀腺	肺部疾病 咳嗽 語言障礙 健忘症 神經衰弱 神經質 手臂或腳的損傷
♀	腎臟 泌尿器官 女性生殖系統 唇 喉嚨 耳咽管 臉頰 皮膚	頸部、喉嚨的疾病 子宮疾病 性病 傳染病 腎臟疾病 糖尿病
♂	腎上腺素 血液中的鐵質 紅血球 外部生殖器官 生殖力 肌肉系統	血液中毒、失調 高血壓 腦溢血 偏頭痛 生殖器官或泌尿系統疾病
♃	肝臟 胰臟 膽汁 血液 骨髓 大腿	肝臟疾病 心臟病 血壓異常 腫瘤
♄	膽汁 尿酸 骨骼 牙齒 皮膚 小腿 交感神經	體內結石 血毒症 骨頭疾病或骨折 筋骨扭傷 牙痛 慢性疾病或痼疾
♅	運動神經 神經系統 坐骨神經	身體畸形 精神病 癲癇 意外
♆	身體內的流質 腦下垂體 感知力	傳染病 神經病 昏迷 貧血症
♇	肛門 直腸 排泄器官 生殖系統	畸形或殘廢 生殖器官疾病

	星座所主管的身體部位	星座關連的疾病
♈	頭部 腦部 臉部 眼球 視網膜 鼻	腦疾 中風 面部神經痛或創傷 暈眩
♉	小腦 耳 喉 聲帶 扁桃腺 頸部	甲狀腺腫瘤 咽喉炎 扁桃腺炎 肥胖
♊	肩部 肺部 肋骨 支氣管 神經系統	肺炎 支氣管炎 肩傷 神經系統疾病
♋	胃部 消化系統 胸部 乳房 上腹部	消化系統疾病 婦科病 憂鬱症
♌	心臟 脊柱 背部 身體側面 膽汁	心臟病 脊柱彎曲或髓膜炎 敗血症
♍	腹部 腸 脾臟 胰臟 太陽神經叢	腹痛 腸道疾病 脾臟或胰臟疾病
♎	腎臟 腰部 下腹部 內分泌系統	腎臟疾病 腰痛 糖尿病 尿毒症
♏	生殖器官 泌尿系統 膀胱 尿道	腎結石 尿道阻塞 婦科疾病 膿腫
♐	肝臟 臀部 骨盤 坐骨神經 大腿	肝病 骨刺 運動失調 麻痺 傷寒
♑	骨 膝蓋 關節 皮膚 膽囊	骨折 關節膜炎 風濕 痛風 皮膚病
♒	小腿 脛骨 淋巴腺系統 血液循環	水腫 血液中毒 神經質 淋巴腺疾病
♓	腳 腸黏液 關節滑液 淋巴腺系統	腳的畸形或疾病 痛風 酒精中毒

第七宮：婚姻；伴侶關係、合作夥伴／競爭；對手

　　相對於第一宮所代表的自我，對宮位置的第七宮則代表他人，而且是指對立的對手，或是存在約束關係的對方。第七宮所在的星座能夠指出一個人對待婚姻的態度，例如，第七宮在雙子座的人總想著要逃避婚姻的束縛，或至少在生活上能夠互不干擾；第七宮在巨蟹座的人則重視人我關係中的安全感，多疑和情緒化常會影響婚姻關係。而木星出現在命盤的第七宮可能指向帶有木星特質的伴侶，或是暗示能夠從伴侶處獲益；又或者是，樂於建立親密關係，因此，出現婚外情的可能性也就比較高！

　　‧命盤上木星落第七宮的名人：法國時裝設計師香奈兒（參考星圖二十二），也是知名的Chanel品牌的創始人。她曾在孤兒院裡度過了六年，十八歲離開孤兒院後，香奈兒先是在服裝店裡當個小裁縫師。二十三歲時她認識了法國的面料商人巴桑，成為了他的情婦。他們的關係長達九年之久，香奈兒也因此得以見識富人們奢華的生活面貌。在巴桑的幫助下，香奈兒的事業也開始起步。後來香奈兒又結識了巴桑的朋友，來自英國的工業家阿瑟‧卡伯，兩人開始交往。而卡伯也曾全力支持過香奈兒的事業。（巴桑和卡伯重疊的時間相當的長）巴桑來自法國，卡伯來自英國，他們分別給香奈兒帶來不同文化的滋養。香奈兒一生未婚，但情史豐富，曾與三十多人傳出過戀情，而且多是社會名流。這讓童年坎坷的她，見識得以擴展，以及事業上能獲得成功。愛好自由的木星落在七宮，除了容易出現婚外伴侶外，也可能在人我關係中渴望保有個人的自由而不願受婚姻束縛。

　　如果是土星落在第七宮，他在人我關係上總是採取謹慎的態度，不輕易敞開心扉，這是土星的保守性格在第七宮領域的反應。懷

疑與冷漠通常也會在人際關係中帶來孤獨感，不過，如果命盤的配置良好，土星的作用也表現爲長久、穩固的合作或伴侶關係；如果配置不良，伴侶關係的親密度不足，或是婚姻關係可能帶來麻煩。因爲難以在對方身上滿足自己內心的缺憾，七宮的土星吸引來孤立、痛苦的同時也給一個人帶來人格整合的機會。

第八宮：死亡與恐懼／傷害；外科手術

　　如果從「轉宮」觀點看，第八宮是第二宮的對宮，也就是個人財務在外的表現，包括投資、借貸或債務、稅款、遺產。同時，第八宮也是第七宮的第二宮，也代表伴侶的錢財，或是合夥人的財務。在卜卦占星中，第八宮又可以代表保險經紀人、理財基金操盤手。第八宮也與醫師有關，包括外科醫師、心理分析師。命盤中木星落在第八宮的人，常會擴大一個人內心的莫名恐懼；也可能代表獲得他人財務援助的機會，或是投資的運勢佳。另一方面，木星也會讓他們相信內心深處的力量，進而去探索與發掘，因此，對於心理學感興趣外，也可能熱衷於靈修，或學習占卜。

　　　·命盤上木星落第八宮的名人：哥本哈根學派的代表人物海森堡，量子力學創始人之一。由於舊有的古典物理學難以解釋微觀系統，二十世紀初量子物理學興起，主要用以描述微觀的事物。許多現代物理學理論，包括原子物理學、核物理學和粒子物理學，都是以量子理論為基礎。雖然納粹德國自始至終都沒有能力將核武器從理論實現，但是，海森堡也曾是納粹德國的核武器開發計劃參與者。戰後，海森堡的研究也一度側重於基本粒子的統一場論。統一場論嘗試解釋所有種類的基本粒子間的交互作用。海森堡的八宮木星沒有引導他走上心理學大師之路，也沒有給予他成為股市大神的機會，但是，原子核內、基本粒子，或是量子力學，不也是「很八宮」嗎？

　　如果是土星落在第八宮，而且狀態不佳，很可能表現為經濟上的困難，包括與合作夥伴間的財務糾紛。此外，也可能暗示在性、情感，與他人連結的面向上的不安與失望。如果狀態良好，土星八宮在金錢的處理上能夠更謹慎、負責任，可以成為傑出的理財或保險經紀

人。他們對於心理學、玄學或神祕事物也很感興趣，能夠深入探討。

轉宮法

依照古典占星的觀點，命盤描繪的是，命主與他的周遭。例如，第一宮代表命主自己，第三宮代表命主的兄弟姊妹，第五宮代表命主的子女，第七宮是配偶……。那麼，命主的兒媳婦該由哪一宮代表呢？第五宮嗎？不，是第十一宮。因為兒媳婦是兒子的配偶，以代表兒子的第五宮當作第一宮，它的第七宮也就是第十一宮。在卜卦占星和個人占星中，這種轉化宮位涵義的方法被稱作「轉宮法」。人世間萬事萬象，占卜或命理工具都必須是以簡馭繁的方式進行，才有應用的可能。但是，轉宮法似乎在卜卦占星中能夠更直接應用。因為卜卦占星總是會有一個明確的目標問題，也就會聚焦在幾個特定的代表因子。就如，占問的問題如果與兒媳婦有關，以第十一宮做為兒媳婦的代表。但是在個人占星上卻可能會產生矛盾的狀況，例如：第十一宮是第五宮的第七宮外，第十一宮也是第十宮的二宮，也代表母親的資財？第十一宮又是第四宮的八宮，不也代表父親的內心恐懼嗎？因此，個人占星中，轉宮法的應用必須符合命例的實際狀況。如果當事人的父親是獨生子，占星師也就不能硬是將第七宮，第四宮的三宮，代表他的叔伯。

關於轉宮法，再舉一有趣的用法：早些時候，男人可以有三妻四妾，占星上會以第九宮代表元配之後的第二個妻子。因為妻妾間常以姊妹相稱，而代表元配的第七宮的第三宮不就是第九宮嗎！在現實社會中，兄弟姊妹間可能是和諧相處的，也可能競爭父母的愛與資源，甚至反目、互鬥，妻妾關係亦如是。那麼，在一夫一妻婚姻法下的現今社會，第二任妻子或出軌的對象是否也能以元配的姊妹——第九宮——做為代表？就以前述的阿諾‧史瓦辛格（參考星圖三十六或

四十二）爲例：以整宮制看，他的第九宮在雙魚座、九宮主星木星，木星落在第五宮。以「飛星」來論，第九宮主星落在命盤第五宮的徵象是有可能代表婚外戀，甚至婚外生子。這其中似乎已經隱含，第九宮是當事人的元配之外的另一個伴侶。阿諾・史瓦辛格的祕密戀情和婚外生子除了「九飛五」外，在命盤上還有重複出現的徵象——他的五宮主星火星落在命盤的第十二宮。第十二宮代表隱匿的位置，「五飛十二」將戀愛、子女與隱藏、業力相連結，暗示祕密戀情與婚外生子的可能！

再舉一個案例，美國前總統唐納・川普（參考星圖四十三）與第三任妻子——川普的第九宮在金牛座，九宮宮主星金星落在第十一宮內。第九宮指向外國；第十一宮則是九宮的第三宮，轉宮法裡代表第三任妻子。再以「飛星」來說，第十一宮內有顆九宮主星暗示第三任妻子有可能是外國人。當然，命盤裡先要有多次婚姻的徵象，才會做此推測——命盤上代表伴侶關係的第七宮，以及代表親密關係的月亮，狀況如何？川普的命盤表明，他可以。川普的第三任妻子梅蘭妮亞恰巧是出生於南斯拉夫聯邦斯洛維尼亞社會主義共和國，2005年與川普結婚，2006年才獲得美國國籍。

飛星

占星師在解讀命盤當事人的某一生活領域時，常是從幾個方向開始——首先，會注意代表此一領域的宮位所在星座，這代表對此一生活領域的期望或態度。再來，可能會看宮內有哪些行星，這代表當事人在此一生活領域的狀況，或可能會遇見的人與事。然後是，宮位所在星座的守護星的狀態，包括強或弱、相位，以及落在命盤的哪一宮位。從一個宮位的主星落在命盤的位置可以看出兩個宮位所代表的生活領域間的連結，此稱爲「飛星」（此飛星顯然與中國堪輿學的九

宮飛星毫無關係）。例如：川普命盤的第九宮主星落在第十一宮，暗示九宮與十一宮間有所連結。「九飛十一」的徵象包括：自己的信念能夠獲得大眾的認同，也可能是信念反覆搖擺，或信仰非傳統宗教。此外，如上所述，配合上轉宮法，川普的婚姻狀況也是「九飛十一」的徵象之一。而阿諾‧史瓦辛格的祕密戀情和婚外生子也可以從命盤裡的「九飛五」和「五飛十二」徵象中看到！

再以股神巴菲特（參考星圖十六）為例——整宮制下，他的二宮主星土星就落在第二宮；象限分宮法下第二宮一般是在水瓶座，主星土星就落在第一宮。不論是「二飛二」還是「二飛一」，都是財運佳的徵象之一。尤其入旺的二宮主星又與太陽三合，錢財方面的好運更加明顯。而命主星木星落在第八宮、入旺，「一飛八」除了代表具有敏銳的洞察力外，也指出他在投資理財方面的天賦。

有些占星師會將飛星技法以連鎖方式應用，來看一個人的人生故事。例如：第九宮主星落入十一宮，十一宮主星落入第四宮，四宮主星落入二宮……。不過，每一飛星狀況所代表的意義都是多重的，即使是已經對整張命盤深刻認識的情況下，要想一語中的已非易事，何況要將連串的飛星效果做出解釋或預言。大概也只有經驗豐富的占星大師才能運用自如吧！

第九宮：信仰／律法／遠程旅行

　　第九宮的「遠程旅行」可以是地理上的旅行，因而也連結到國際事務；也可以是指精神上的旅行——高等教育、宗教、哲學。而第九宮的「律法」可以是指政府制定的法律，或社會奉行的道德、正義，也可以是指精神上的律法——生命存在的規則。因此，第九宮也被稱為「神的宮位」。命盤上木星落在第九宮的人，除了可能從海外旅行中獲益外，也樂於不間斷的進行學習與研究，或者在高等教育、研究工作上得遇貴人。另一方面，九宮的木星也指出一個人的寬廣心靈，甚至在宗教上充滿理想性，卻又可能反覆、不專一，如同木星落在第七宮的效應。。

　　· 命盤上木星落第九宮的名人：邏輯學家伯特蘭·羅素。羅素出生於英國的貴族家庭，祖父曾兩次出任正值巔峰的大英帝國的首相。羅素被認為是位和平主義者，大力宣傳反軍國主義，後來也推動反核運動。另一方面，羅素認為，道德不應限制人類本能的快樂，婚前性行為無關乎道德敗壞。雖然，他因為政治主張上反對英國參與第一次世界大戰而喪失三一學院的教職；在美國期間，又因為倫理和道德思想問題被取消教授資格，但是，這無損於羅素列位二十世紀初最重要的哲學家。他在哲學上的貢獻之一是，和摩爾、維根斯坦、懷海德一起創立了分析哲學。在宗教上，羅素的父親是一名無神論者，羅素本身則對所有宗教都持反對態度，他認為宗教機構在歷史上一直都是阻止人類社會進步的根源。羅素命盤上的九宮木星緊靠天王星外，也與悲觀的土星對衝。他曾經說：「我絕不會為了我的信仰而獻身，因為我可能是錯的。」第九宮是屬於神的宮位，也是抽象概念的宮位。

　　1948年10月2日，羅素前往挪威的途中飛機失事，19人傷亡，羅

素卻完好無傷。其實，當日的星象看起來對羅素十分不利——冥王星走到命盤的最高處，接近他的天頂；行運火星又對衝他命盤裡的冥王星；行運水星也對衝出生時的水星；行運的南月亮交點還正好遇合命盤上升點。雖然說不能單從行星過運就做出論斷，但是，這星象對於羅素而言的確凶險，而且他這一年的太陽回歸圖中已然出現凶象。羅素能在凶險的空難中逃過一劫，真的是強勢的巨蟹木星落在第九宮帶來的好運嗎？第九宮也是「飛行」的領域！

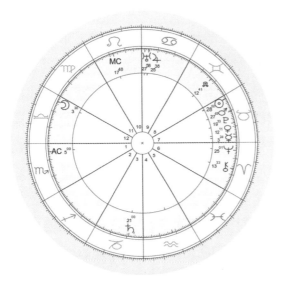

星圖十七·英國哲學家、數學家和邏輯學家伯特蘭·羅素（Bertrand Arthur William Russell）

　　如果指出一個人弱點所在的土星落在命盤第九宮，是否暗示當事人難以完成高等教育？或是思想貧乏？當然不！以著名的德國哲學家叔本華為例，他的土星就落在整宮制的第九宮。由此也可以進一步看到土星的象徵意義——祂可能帶來困難，但是，經過長時間的鍛鍊後也能夠帶來實質的成果。叔本華的大學教授之路的確辛苦，思想傳播也幾經波折。九宮的土星也的確會在某段歷程中對一個人的信仰和人生觀起到打擊、產生懷疑的作用，帶來痛苦的經驗。追尋更深刻的思想則是土星給予的救贖機會。

第十宮：事業與名聲╱上司、威權

　　世俗占星中，第十宮代表政府、組織、在上位者。在個人占星中，出生時的第十宮位在天空高處，代表一個人在社會大眾面前的表現，連結到職業或事業，以及他的名聲和社會地位。第十宮內的行星抬頭可見，祂的特質和能量也就在大眾面前完全暴露。如果是木星在命盤的第十宮，常給一個人的職業生涯帶來順遂狀況，也可能指出他的某位上司帶有木星的特質。

・命盤上木星落在第十宮的名人：西班牙畫家巴勃羅·畢卡索。畢卡索的父親也是一位畫家，擅長鳥類的素描，是工藝學校的藝術教授和當地美術館館長。畢卡索自小就展現對繪畫的熱情與天賦，他的父親和叔父決定把畢卡索送到西班牙一流的藝術學校學習。然而，註冊後畢卡索卻因為沒辦法適應正式、呆板的教育而輟學。畢卡索轉而徜徉在美術館裡，欣賞前輩藝術家們的作品，從中揣摩學習。畢卡索成名得早，作品的市場需求也大，他也是一位多產的藝術家。跟同時代的藝術家們相比，畢卡索享受了更多的世俗榮耀。1936年7月西班牙發生內戰，畢卡索畫作《佛朗哥的夢與謊言》，批評西班牙國民軍領袖佛朗哥。1937年，在佛朗哥的要求下納粹德國空軍轟炸了格爾尼卡，為了紀念這場災難，畢卡索畫了巨幅大作《格爾尼卡》，展示於巴黎舉行的萬國博覽會中。也許是來自於父親的影響，或是一直存在於內心的情結，畢卡索有許多鴿子的畫作，還有多幅「和平鴿」意象的畫作被選為國際的和平會議宣傳海報。第十宮也象徵一個人對於社會的回饋狀態，木星十宮的人對社會更願意付出關懷；土星十宮的人則對於社會給予的評價十分敏感。畢卡索命盤裡的木星和土星都落在第十宮，他也勇於以行動表達自己的政治立場。

反觀土星落在第十宮的人，他的內在驅力會比一般人更強烈，常表現為野心或責任感，但是需要較長時間的準備期。幸而他們一般也很努力，而且有毅力。除了象徵社會上的角色外，第十宮也與父母有關連，尤其是指母親。土星十宮可能代表他的母親長時間在病中或早逝，因而給自己帶來負擔。另一種可能是，他有一位嚴格的母親，甚至缺乏溫暖、感情，或者是很現實的母親。象限分宮制的十宮起點在天頂，天頂的狀態也象徵著一個人對外投射的形象，或是內心所嚮往在社會上的角色。德國哲學家叔本華的命盤裡，土星緊密貼合著天頂位置，土星的特質一一表現在他的事業發展和母子關係上。

占星學的職業和工作徵象

平日的生活裡，朋友們的言談間不一定會對職業、職務、工作等這幾個詞特意區分。其實，真要認真做出區分也不難，例如，趙先生的職業是軍人，去年晉升為二等士官長，目前在某機場從事維修飛機的工作。在西洋占星學中，維修飛機的「工作」徵象在第六宮呈現，軍人的「職業」徵象由第十宮表現。至於一個人的職場發展與運勢，可以到達哪個等級的職位，就得從「星格高低」，再配合流年行運判斷。

傳統上第六宮被定義為奴僕宮，與「奴役」或疾病有關，對老闆來說則指向所聘用的員工。例如，身為老闆的命盤中有「八飛六」——象徵傷害的第八宮主星落在第六宮裡——暗示他的用人運氣較差，有可能總是雇用到不忠誠、帶來麻煩的員工。現代心理占星學則將第六宮定義為一個人的生活態度，也與日常的工作以及職場上的人際關係有關。一個人的日常生活能否規律？或是散漫？放縱？工作環境良好或是惡劣？這些自然都會影響到他的健康狀況，指出可能罹患的疾病。

第六宮所指的「工作」比較是「日常的、例行的」性質，日復一日，甚至會讓當事人感覺到「煩」瑣的。而一個人被社會大眾所認識的職業身分則是由第十宮的徵象來表現。在象限分宮制中天頂也就是第十宮宮首，但是，如果使用非象限分宮制，天頂可能並不在第十宮內。如果使用整宮制或等宮制，天頂有可能落在第九宮或第十一宮中，那麼，將第十宮的星座和宮內行星看做是一個人與社會互動的表現；天頂所在的星座和定位星的狀態則指出一個人在事業上的表現。

以占星學來看一個人的職業趨向與工作狀況，常考慮的幾個重點——

- 首先還是要考量太陽所在的星座、宮位、相位，這些因素能夠指出一個人的基本特質、先天上所具有的優勢能力、被賦予的使命，以及後天上能夠有所成就的領域，或者說，太陽所「照亮」的宮位也常是一個人展現天賦才能之處。

- 其次，關注第一宮主星（命主星）所在的星座、宮位，和相位。因為從命主星可以看出一個人的生活態度、發展方向，甚至是整體的運勢，這些都會影響職業選擇。而月亮所在星座對人格的影響，或是木星所帶來的機會，都可以列入職業選擇的考慮要項中。

- 再來關注第十宮主星和第十宮的宮內星狀況。第十宮主星所在的星座、宮位，以及形成相位的行星，都可能影響到職業選擇和職場發展。第十宮內的行星所代表的職業，或是祂在命盤上所守護的宮位，常是一個人比較成熟後的職業選擇。

- 如果命盤中有特殊的相位圖形，要特別注意構成特殊相位圖形的行星以及祂們能量的匯集點——例如，T形相位中兩顆對衝行星的壓力會匯集到和祂們形成四分相的第三顆行星、宮位上。這個壓力匯集的所在，也常是一個人此生命定的功課，故而影響職業的選擇。

以下再列出行星在工作上的象徵意義和所關連的工作類別：

☆太陽是權威、管理、舞台的中心，相關的工作包括行政主管、教師、演員、娛樂業、金融業、自營店家。

☆月亮與日常生活所需、公眾事務有關，相關的工作包括餐飲業、酒水相關、零售業、護士、照顧工作、守衛、養殖業，與群眾接觸的工作。

☆水星代表文書、計算、推廣，相關的工作包括會計、出納、廣告業、新聞業、寫作、語言有關的工作、司機、旅行業。

☆金星與金錢、藝術、協調仲裁有關，相關的工作包括金融業、表演、歌唱、娛樂圈、設計師、裁縫、服飾業、珠寶業、藝品買賣。

☆火星與運動、戰鬥、機械、火有關，所代表的工作包括軍警、消防人員、運動員、外科醫師、鋼鐵業、焊接工作、機械工程師、肉販、外科醫師。

☆木星代表教育、國際事務，也與宗教有關，常見的相關工作有司法人員、外交人員、保險業、經紀人、顧問、廣播相關、出版、教師、金融業、娛樂業。

☆土星與組織、結構、土地有關，相關職業包括建築業、不動產、礦業、農業、專業研究工作、行政管理。

☆天王星象徵科技、航空、電信，相關的工作包括航空業、天文學家、占星師、電機工程師、電信業、廣播員、電影技術、作家。

☆海王星與想像力、心靈、水相關連，代表的工作包括電影製作、演員、詩人、漁業、船員、醫療工作、慈善事業、玄學研究、靈媒。

☆冥王星象徵神祕的、祕密，以及清除、掩埋，相關的職業包括屠宰業、殯儀業、廢棄物處理、色情業、探勘業、心理醫

師、核子工程師。

- 如前所述，對一個當老闆或上司的人來說，命盤的第六宮會指向員工、下屬。而對於受雇者而言，第六宮則代表工作環境，例行工作中所面對的人與事。受雇者的專業性、社會角色則以第十宮的徵象論斷。

- 如果要論自行創業，第十宮與第一宮內的行星狀態影響最大，這兩個宮位自古典時期以來一直被認為是「有力」的宮位，行星落在其內將發揮出最大的好或壞的力量。如果準備合夥事業，則先考慮第七宮的狀況。不過，第一宮、第七宮和第十宮很難都處在良好狀態，也許可以從強弱之間選擇是主是從吧！

- 第十一宮除了代表一個人的未來目標和理想性外，也是第十宮的二宮——指向創業的獲利狀況或顧客支持。所以第十一宮所在的星座，以及宮主星、宮內星的狀態與相位，常暗示創業可以達到的規模。

試以比爾‧蓋茲（參考星圖三）的命例驗證西洋占星學的職業論斷——

- 比爾‧蓋茲的命盤中，最耀眼的當是位在天頂邊上的月亮，也是他的命主星。除了月亮外，其他行星位於天底左右。他的行星分布，在命盤上看，呈標準的「提桶」圖形。命盤帶有提桶型特徵的人，也帶有一定的使命感，會投注全部心力於某一件事。這類星圖中的提桶「把手」，特別獨立於其他行星的那顆星，所在星座、宮位，指出投注心力於哪一方面，也對命主的人生帶來最重要的影響。

如果以七政四餘觀點來看：計羅（月亮交點軸線）截斷半天星

斗，獨留一星在外，此獨漏之星將影響全局。如果是命主、身主、夜火、夜月、畫木、畫土，爲得格，主富貴名利。這點在比爾‧蓋茲身上算是應驗了！

- 月亮反射陽光，也常是社會大眾的象徵。月亮與天頂合相的人對於大眾的需求十分敏感，也會努力去開發社會所需要的商品。另一方面，月亮的照顧、滋養特質展現在社會面前，常會代達對社會的關懷，或者說適合發展滋養的事業。比爾‧蓋茲也曾對生技產業感興趣，投資「人造蛋」事業。另外，飛星「六飛二」也象徵，從事健康和營養相關工作能帶來利益。

- 從飛星論，第一宮主星落在第十宮「一飛十」的人，常會將生活的重心放在事業上。如果行星狀態不是太差，事業成功的機會很高，常可以擁有榮耀或高知名度。

- 天頂落在白羊座的人，在事業經營上表現出熱情與活力，也很有事業野心，常在年輕時候就能夠做出成績。第六宮落在射手座的人，在工作態度上，則表現爲果斷、大膽，甚至帶點賭博色彩。

- 再看比爾‧蓋茲的第十一宮，落在金牛座，宮主星金星則落在天蠍座，入陷。而第十宮主星火星落在入陷的天秤座，金火互容，相互解救下都能發揮祂們的正面力量。金星與木星形成相位外，也與上升點形成三分相。

行星間的接納與互容

接納：如果兩行星間形成相位，其中的行星A所在的位置又恰好是行星B的必然尊貴位置時，稱行星B「接納」行星A。接納狀況下的行星B的特質和力量能夠提供給行星A幫助。例如，當金星位在白

羊座時，又與火星形成相位。因爲火星守護白羊座，這種狀況下就是火星接納金星，金星能從火星的接納中獲益，得到火星力量的幫助。如果相位中的火星刑剋金星，金星受到的傷害也會因爲被接納而緩解。不過，現代的占星師一般並不會特別去考慮三分、界、外觀的尊貴力量，因此，一般只論廟、旺位置內行星的接納。

　　互容：如果兩顆行星所在的位置互爲對方的廟或旺宮，稱爲「互容」關係，一般會考慮「廟宮互容」、「旺宮互容」，或是行星A在行星B的廟宮且行星B在行星A的旺宮的「廟旺互容」。例如，金星位在白羊座，火星位在天秤座，各自位在對方所守護的星座內，祂們處於廟宮互容的關係。互容的兩顆行星，除了可能因爲相位帶來刑剋關係外，也可能發生在行星正好位於陷、弱時。行星的困難關係可以因爲互容而化解，失勢的狀態也能因爲互容得到救助，進而彼此幫扶。

第十一宮：願望／社交關係的朋友／社會的接納度

　　現代占星喜歡將第十一宮解釋為第五宮所代表的「目標」的延伸，也就是未來的、遠大的目標，或者說是夢想、理想。第十一宮也是第十宮的二宮——社會的資源，進而代表社團以及社團中的同好。社會的資源也可以是指事業上的客戶，或者是，卜卦占星中所代表的公司的業務狀況和獲利。命盤中第十一宮內的木星，除了代表事業上的獲利外，通常也帶來好人緣和朋友的資助，也可能指的是一位目光遠大的人——當事人自己或他的同志。

　　·命盤上木星落第十一宮的名人：蘋果公司創始人之一的史蒂夫·賈伯斯。他的生父是出生於敍利亞的移民，信仰伊斯蘭教。在外祖父的強烈反對下賈伯斯的父母並未成婚，而且最終將賈伯斯交給後來的養父母撫養。賈伯斯的養父是一名從事改裝並銷售二手汽車的商人，他因此能夠在生活中接觸到拆裝機械的機會，在後來的訪談中，他也認為自己是受養父母的影響而喜愛機械和電子裝置的。在大學休學後，賈伯斯在1970年代末的個人電腦熱潮中創業。他是一位魅力十足又特立獨行的領導人，靠著自己的直覺去精進和開發產品，並且很懂得如何打動顧客。賈伯斯將美學至上的設計理念推廣到他的時代，設計上的簡約和便利為他贏得許多追隨者，他的故事也是矽谷風險創業的傳奇。即使是站在台上，賈伯斯總穿著黑色圓領毛衣、藍色牛仔褲，和一雙運動鞋。這反映出他不落俗套，洞悉未來的極簡主義。

　　第十一宮所代表的領域，除了創新、獨立的象徵外，也跟網絡有關，也代表一個人所能控制的範圍外的環境，或是指向未知的未來。人倫關係上，第十一宮也代表繼父母或養子女。

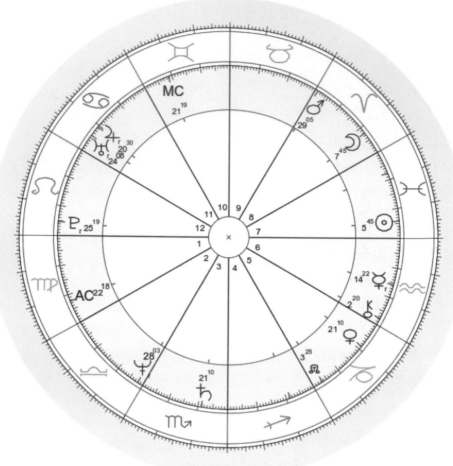

星圖十八‧蘋果公司創始人之一的史蒂夫‧賈伯斯（Steven Paul Jobs）

　　如果是土星落在第十一宮，他對於社會參與以及結交社會上的朋友不那麼熱衷。這很可能來自於被背叛或被排擠的經驗，讓他們必須認真去審視友誼的定義。比較負面的發展方向是，此後對周遭的人採取戒慎恐懼的態度，不輕易接受他人的關懷。占星上的土星一直被認為有過度彌補的傾向，土星十一宮的另一種表現是：壓抑自己來迎合群體。

第十二宮：隱藏的困境、障礙與敵人

如果命盤中第十二宮的能量過於活躍，常會給一個人帶來孤立、幽閉、無助、被束縛而無力的感受，這很可能是他自己所吸引而來的，因爲第十二宮一向被稱作「業力宮位」。（其實整張命盤都代表著過去幾世以來尚未解決的業力所累積）。當行星落在十二宮，特質會被模糊掉，力量會被消融掉。例如，木星落在第十二宮，木星的擴張和幸運會難以發揮；木星的信仰、信念會偏向虛無或悲觀，也可能是，放下自我而去領悟「大我」。

- 命盤上木星落第十二宮的名人：德國哲學家叔本華。叔本華是宿命論者和決定論者，也被歸類於悲觀主義者。他認爲，所謂的理性和我們所感覺到的自由意識以及人的行爲都受到「意志」此一神祕的力量——形而上的終極本體——所控制。叔本華在1819年首次出版他的哲學著作《作爲意志和表象的世界》，但是發表後無人問津，失望的他說：「如果不是我配不上這個時代，那就是這個時代配不上我。」他還曾故意在大學裡選擇與當紅的黑格爾教授同一時段講課。結果是，叔本華的班上很快就只剩下兩、三個學生，最後連一個也不剩。1833年，大學任教受挫後的叔本華移居法蘭克福，並在那兒渡過了寂寞的二十七年。到了1844年，他決定出第二版的《作爲意志和表象的世界》，第二版出版後的銷售與讀者也寥寥無幾。1851年，叔本華完成對《作爲意志和表象的世界》的補充與說明，這篇以格言體寫成的《附錄與補遺》卻讓他獲得了聲譽。1859年，《作爲意志和表象的世界》的第三版引起轟動，他在第三版序言中寫道：「這本書第一版問世時，我才30歲。到第三版時，已經72歲了。總算是在彼德拉克的的名句中找到了我的安慰：『誰要是走了一

整天，在傍晚時走到了，那也該滿足了。』」叔本華的人生最後十年終於贏得了聲望，但仍然過著獨居的生活，陪伴他的只有那幾隻貴賓犬。

如果是代表自我保護的土星落在第十二宮，個人的防衛能量將被消融掉。因而他常會有一種無力感，任由命運擺弄自己，也就放棄了世俗的野心。同時，土星十二宮在生活中經驗到神祕事件的可能性高，因此被勾起對命運和業力之類議題的興趣。例如：自稱是遙視者和通靈人的詹姆斯・范・普拉格（James Van Praagh）命盤裡月亮與土星的合相就落在十二宮。他除了是著名電視節目製作人外，也是通靈學的研究者和暢銷書作家。

第四章 相位

夾者吉而拱者凶，主多榮而少辱。拱者吉而夾者凶，合一成而一敗。

——《通玄賦》

日常生活中，如果兩個人沒有什麼特別理由就是互看不順眼，彼此不對盤，在華人文化圈裡就會開玩笑說：「你們倆是八字相衝嗎？」除了「相衝」，有些人還知道：子卯相刑，寅午戌三合局之類的地支生剋關係，這些關係類似於西洋古典占星中的整個星座相位關係——出生時的太陽、月亮、金星、火星、或是命主星，一些重要行星所落星座是否「相稱」而彼此和諧？或者形成了緊張關係？西洋的「四元素」理論認為，風元素和火元素是表現式和外向式的能量，屬於相稱而互補的一組元素；土元素和水元素是安定和內斂式的，屬於另一組元素，也相稱而互補。在個人命盤上或星盤的比對中都是相同概念。於是，比對的或個人的星盤中白羊座太陽和巨蟹座月亮會顯得格格不入，互生扞格，造成生活上的壓力和緊張。而白羊座的火星和雙子座的金星就和諧多了，就個人的人格言，在滿足慾望與人際關係處理上比較能夠平衡發展，內在的衝突也不明顯；如果是比對盤的雙方，彼此間能夠支持對方實現慾望。

但是，回歸黃道上相對的兩個宮位，在元素屬性上本是相稱的，卻又因為在兩個極端間擺盪的刺激而帶來挑戰。例如，出生時水星落在白羊座的人常是心直口快、好辯的，如果再加上他的木星落在天秤座，也渴望得到眾人的認同，於是，他此生的考驗和重要功課之一將會是：對於自己的信念和人際關係間的衝突進行整合。

雖然一些古典占星的技法是以整個星座來界定相位的關係的，

例如，落在處女座的行星與落在同屬土元素的摩羯座裡的行星會形成和諧的三分相。這種以整個星座來看相位關係的方式，表達的是兩顆行星在表現各自的象徵意義時彼此間能夠相輔相成？或是互相衝突？不過，大部分現在的占星師們論行星間是否形成某相位，除了考慮行星所在星座所屬元素的相稱性外，主要還是以行星間的角距來判斷，同時，依據不同類別的相位會有不同「容許度」——準確相位角度前後的寬限度數。當然，一般還是認為正相位以及緊密相位的影響力會較大，形成寬鬆相位時行星間的互動性較小。而現代占星學的相位容許度並不會寬鬆到十幾二十度，也就不會以整個星座當作形成相位的基礎。另外，也有些古典占星法則，主要是卜卦占星，論行星間的相位關係時是以行星來決定容許度的大小。不論是以相位類別或是依行星的影響力而定出容許度，其實占星師們也是依各自的經驗而採用所慣用的容許度，例如，有的占星師認為四分相的容許度可以到10°；有些占星師則取8°；也有採用6°以內的。

現今常用的行星間相位和容許度列表：

相位	符號	黃經上的角度	常用容許度
合相	☌	0°	前後8°內
三分相	△	120°	前後8°內
六分相	✳	60°	前後4°內
對分相	☍	180°	前後8°內
四分相	□	90°	前後8°內
八分之三相	⊡	135°	前後2°內
十二分之五相	⚻	150°	前後2°內

*現今的占星師們使用的相位不止於上表所列，其餘次要的相位容許度大概都取1～2°之內。

托勒密相位

古典占星學所使用的相位以所謂的「托勒密相位」為主，這些主要的相位有：行星間距離大約在0°到10°之內的合相、相距60°左右的六分相、90°左右的四分相、120°前後的三分相，以及180°的對分相。有些占星師會依循古典占星學的觀念而主張，只有行星合相時，考慮星體散發光線的交互影響，才考慮跨越星座界限的相位。也就是說，合相之外的相位既要考慮容許度，也要考慮星座性質。不過，這種相位定義法並不普遍，現代的占星師普遍還是接受容許度範圍內的跨星座對分相、四分相、三分相、六分相。例如：白羊座3°的太陽與射手座28°的土星，計算角度來看，是容許度內的跨星座四分相；但是，從星座來看，祂們之間卻是三分相。現代西洋占星學在許多占星前輩精益求精的研究與經驗累積中，討論的相位除了上述的「合、拱、衝、刑」主要相位外，也會使用八分之三、十二分之五相位，還有些占星師也會討論到五分相、七分相，甚至更多其它次要的相位。

常見一些占星前輩們將行星比喻為後天十二宮這個舞台上的演員，相位關係則是演員間的互動，是和諧的？還是關係緊張？或者，將相位的意義簡單看作行星間能量的流動狀況。現代的心理占星學則以「情結」來說明行星間相位的意涵——心理學中所謂的「情結」是指藏在一個人潛意識裡的心理狀態，強烈而無意識的衝動。蘇・湯普金在《占星相位研究》一書中則解釋說：「相位的意義有部分是來自於星盤被劃分成的等分數字。」以數字的意義協助學習者理解相位。其實，自古以來數學就被認為是連接物質世界與靈性世界的橋樑之一。古希臘哲學家畢達哥拉斯曾說：一切都是數字；萬物的根源在於數字。畢達哥拉斯的哲學思想有一大部分是在探討數字在精神層面上的意義。

以下仿效此法，以數字來介紹星盤中行星與行星之間或行星與特殊點之間的相位意義——

對分相,將360°的圓從中分成兩等分

二是從代表整體的「一」之中做出分別,因此象徵分裂、對立和衝突。二也等於一加一,常代表伴侶關係,或是一對一的人際關係,又或者說是陰與陽的關係──陰、陽對立而且互相約制外,還互根互用,相生轉化,尤其在陰或陽的其中一方走向極端時。因此,對分相也就意味著相對力量下取得平衡狀態的過程,但是,在此之前,會在個人的內心中造成擺盪於兩個極端間而難以安定的狀態,並且衝突常顯現在人際關係的領域中。處理對分相帶來的挑戰就在於覺知,進而善用這兩個互補的面向。例如:太陽與月亮形成對分相的人,自我意識和潛意識間常存在衝突,不過,年紀漸長,心胸與思想也能變得更開放與客觀。

生活中最常見的對立,應該就是光明與黑暗吧!在個人的心理層面,則分別存在於意識或潛意識裡。而在占星學中,形成對分相的相對行星,很可能其中之一就是個人所認同或樂於接受的,另一行星卻因為帶來困難或者不被環境所容許而成為個人內心的陰影。但是,靈魂會鞭策一個人朝向「完整性」的目標前進,被排斥的行星會以某些方式侵擾著生活,直到完成整合。木匠兄妹中的妹妹凱倫·卡本特是個令人遺憾的例子,她因「厭食症而攝入化學物質所導致的心律失常」而英年早逝,得年僅三十二歲。青春期的她有一米六五的身高、六十五公斤的體重。經過節食,到了二十歲時只剩下四十公斤多一點。之後幾年她繼續近乎瘋狂的節食,並且因為過度節食而患有神經性厭食症。顯然她太傾向於處女座逆行的土星(第七、八宮主星),又與雙魚座的太陽相互刺激,導致悲劇發生。土星落在處女座的人,不但在工作上總嚴格要求夥伴,生活上也嚴以律己不肯放鬆。而雙魚座的耽溺特質,給太陽雙魚座的人帶來的可能是沉醉於藝術,或濫用藥物。

凱倫‧卡本特的另一組對分相是月亮—木星，木星是第六宮宮主星。六宮主星所落入的星座，以及與其形成相位的行星的象徵，常能指出一個人健康上的問題。凱倫‧卡本特的六宮主星木星落在水瓶座，水瓶座所主管的疾病的確也包括了神經失調、神經質，或是心律不整。而與木星對衝的月亮，對於女性而言本就是主要的健康狀況的代表因子，主管的身體部位則指向胸、乳、消化、生殖器官，以及女性的心臟，特別是祂還落在獅子座；所關連的疾病則包括神經過敏、歇斯底里症……，林林總總。

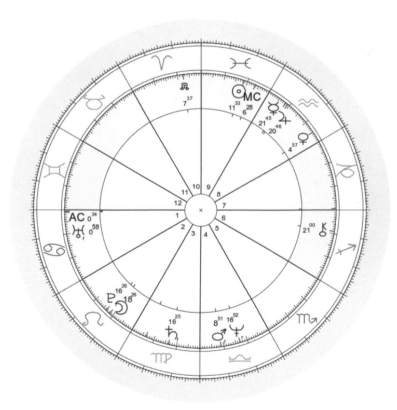

星圖十九‧木匠兄妹合唱團妹妹凱倫‧卡本特（Karen Anne Carpenter）

將360°除以三，就是120°的三分相

數字「3」，是在對立、僵持的「2」之間再注入一股新的力量，代表活力，也帶來順利運轉的機會。形成三分相的行星很可能是落在相同元素的星座中，彼此的能量能順暢、自在的流動，各自的特質能夠互相幫扶。而行星所在的宮位代表的生活領域，如同與生俱來的天賦般，毋須刻苦學習就能自然發揮。另一方面，也因為處於輕鬆、自滿的狀態而缺少反省和學習的壓力，三分相的負面特質常表現為過度、耽溺、逃避或自我中心等問題。例如，知名影星李奧納多・狄卡皮歐第六宮內入廟的木星與天頂位置、第十宮內的土星（主管表演的第五宮宮主星）呈三合狀態，也和第二宮內入廟的火星，以及太陽、金星星群，形成三分相，因而構成第二—六—十宮的「大三角」相位圖形。這給他帶來工作上的幸運和多產。經驗中，還有其他一些命例，在工作相關的徵象上形成三分相，現實中擔任公司的基層或中階主管。特別指出「基層或中階主管」，因為我總認為，三分相有點類似八字命理中的五行中和——好命、順遂。但是，真要掌權、幹非常之事，還得官殺重者。

雖然說，水象星座的大三角可以帶來情感表現上的天賦，土象宮位的大三角可以帶來工作或錢財方面的好運。李奧納多命盤上的水象星座、土象宮位大三角，以及福點，似乎不僅於此，還在多次性命攸關中為他帶來逢凶化吉的幸運。《維基百科》上就記載了李奧納多曾經多次遭逢凶險的故事：他曾經兩次在海上潛水，分別遭遇了鯊魚靠近和氧氣幾乎耗盡的情況；跳傘時，降落傘和備用傘均無法打開；還曾在飛行途中，所搭乘的飛機在空中發動機著火，進行迫降後輪胎全爆。

在許多宗教中，「三」也帶有三位一體的神聖意義。道教奉祀三清道祖，佛教信仰三寶佛，印度教則以主司「創造」的梵天、執掌

「毀滅」的濕婆、「守護」眾生的毗濕奴為三相神。東、西方的許多文明中，數字「三」都代表創造，同時也是完成；是過去、現在，也是未來。

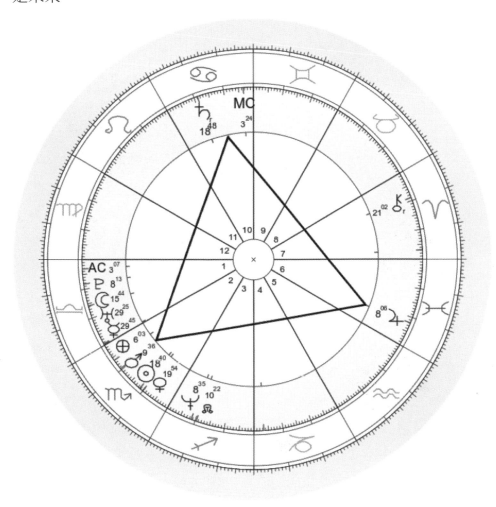

星圖二十‧知名影星李奧納多‧狄卡皮歐（Leonardo Wilhelm DiCaprio）

將一個圓周分成四等分，
相鄰兩點形成90°的四分相

　　數字「4」，是十字架的象徵，指出了現實俗世的責任、壓力、阻礙，一種緊張的能量。例如：太陽與月亮形成四分相的人，總感受到被束縛，或是常被迫從事自己所不願意做的事，外在則表現爲溝通出現問題。

　　在卡巴拉哲學的四重世界中，創造之光最終會下降到第四重的顯化的、物質的世界。數字「4」，也代表穩固與執著。又由於形成四分相的行星在黃道十二宮上常是分別位在不相稱的兩元素中——火與水、水與風、風與土、土與火，因此，常給一個人帶來內在的緊張與壓力，或是一種刺激的感受，表現爲發展上的不順利。也的確，從一些案例中可以看到，四分相帶來相關生命領域的阻礙，或是來自外界的各種挫折和困擾。不過，四分相的驅力也能夠強化一個人的內在力量，創造出強大的意志力，引發行動去改變現況，進而敦促一個人去完成命定的功課。蘇·湯普金就說：「四分相可以使人的態度和想法更圓融而周全，內在變得更有力量。因此，處理四分相的議題就像處理土星的能量一樣，越老越有能力面對！」另外還有許多其他的占星學家也都提出過，四分相或對分相，這類強硬相位（Hard Aspect）具有類似土星的特質，是一個人此生所必須面對與處理的問題。當然，土星的特質也包括恐懼，因此，人們一般都不願意去面對本命盤裡的強硬相位所代表的難題。

　　雖然說四分相可以帶給一個人強化意志力的機會，卻不總是正面的。1995年4月造成百餘人喪生的美國奧克拉荷馬市爆炸案的主謀蒂莫西·詹姆士·麥克維（Timothy James McVeigh），命盤中的十二宮火星入陷，與海王星呈對分相，且分別與獅子座的木星形成四分相，構成了「T形」相位圖形。金牛座裡的火星原本可以不那麼衝

動，卻又落在象徵隱藏的第十二宮，對衝代表理想與狂熱的海王星，反而讓他能夠祕密計畫驚天行動。最後將壓力爆發在T形相位圖形的端點木星上。木星落在獅子座的人，總愛做出誇張、戲劇性的行動。而出生的火星與冥王星形成了能量流暢的三分相，也給他帶來掌控慾以及祕密策畫爆破行動的能力。至於月亮與冥王星的對分相正好印證了他所聲稱的，自己曾經是學校裡被欺凌的目標。於是，對於自身的不滿意和突破社會規範的渴望，帶來浴火重生的夢幻和激進的舉動。還有一組月亮與天王星的對分相，在占星上一般會解讀為變動頻繁的生活，或是焦躁不安的個性。事實上，月－天的對分相也能夠為當事人帶來特殊才華，不過，常是被浪費在怪力亂神方面。曾有一份資料估計說，麥克維的智力商數約有126。

　　從1995年的年初開始，逆行的行運火星就在獅子座後半段徘徊，遇合麥克維的本命木星。流年的火星合相本命的木星原本就已經帶有以行動實現自己的信念的徵象，此時又兼具觸發的角色，引爆了這個T形相位的壓力。麥克維犯下奧克拉荷馬市爆炸案的時間是在他生日的前四天，四天後的麥克維太陽回歸圖上，可以看到更多徵象。這點留待下一章「流年」再做討論。

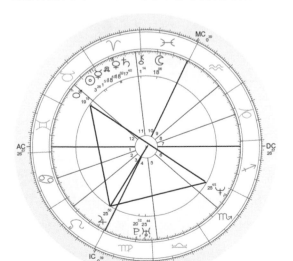

星圖二十一‧奧克拉荷馬市爆炸案主謀蒂莫西‧詹姆士‧麥克維（Timothy James McVeigh）/Placidus houses system

將圓周分成六等分，相鄰兩點形成60°的六分相

數字「6」是由代表陰性的第一個數字2與代表陽性的數字3相乘而得，因此，「6」象徵男女兩性的結合，也代表調和、均衡，進而帶來創造或創意。三分相是由落在相同元素的星座裡的行星所形成的相位，六分相則是落在不同卻又相稱的元素——火與風、土跟水。因此，相互間能提供某種程度的輔助，互補性更為明顯。通常六分相代表著友誼、愛、機會，與他人的良性互動。除了星座元素相稱外，以後天宮位來看，與代表自我的第一宮形成六分相的是，第三宮的兄弟姊妹和第十一宮的社會上的朋友。同時，第三宮和第十一宮也都和心智、知性、精神層面有關。即使是情慾色彩濃厚的金星和火星，在六分相之下，除了能夠自在展現其個人魅力、帶來良好的人際關係外，也能夠表現在創作或商業上。

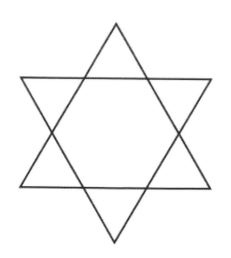

六芒星，朝上的三角形代表大地，朝下的三角形則代表天空，兩個等邊三角形疊加後，在一些祕數裡也常作為「大宇宙」的象徵。在中文裡，「六合」一詞也是指上、下和四方，代表天地之間。而有些占星老師也會把60°角相位稱為六合相位，別跟地支六合混淆。

前文提及的法國時裝設計師、Chanel品牌創始人香奈兒的命盤裡太陽與金星合相，雖然金、火間的角距已超出六分相的範圍，但是，火星和太陽形成緊密的六分相，日、火六分相的人總是充滿活力，常會為了自己的理想而努力奮鬥。在香奈兒的命盤裡，火星也是

代表社會人際關係和個人願景的第十一宮的主星，同時，六分相原本就帶有人際關係的協調和支援的意義。

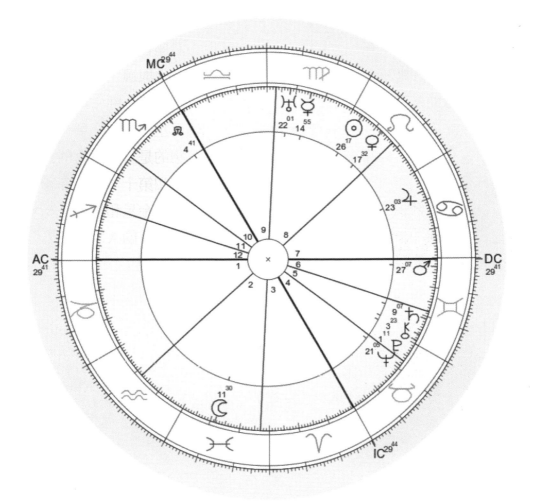

星圖二十二·法國時裝設計師、Chanel品牌的創始人香奈兒（Gabrielle Bonheur Chanel）/Placidus houses system

合相是兩個行星接近，距離不超過10°

　　當行星形成合相時，彼此正面和負面的特質都會相互結合，並影響到展現各自的能量。例如：當命盤中太陽和火星合相時，太陽所代表的自我意識、所追求的事物，結合了火星所代表的求生存的意志、戰鬥的勇氣，此人常表現出積極進取，卻也可能個性急躁，甚至暴躁。如果火星和太陽過於靠近，此人還可能因為過度投注精力於合相所在宮位代表的領域，以致沉迷於某事物而不能自拔。行星與太陽合相還有一特別意義——由於太陽強烈的光與熱，當行星過於靠近時該行星會受到壓制或遮蔽而無法展現能力，也就是所謂的「焦傷」現象。一般狀況下，焦傷發生在與太陽同一星座且距離在8°以內。有些占星師主張，越靠近焦傷越嚴重，尤其是在0.5°到5°、6°間焦傷最為明顯。如果某一行星距離太陽近到17'以內，古典占星的觀念則認為，該行星能受到太陽的恩寵與提拔，此時稱：行星落在「核心區」。

　　Chanel品牌創始人香奈兒（參考星圖二十二）出生時的太陽與金星都落在獅子座、相距8.5°，已經脫離焦傷的範圍，入廟的太陽也許會為她帶來些微的約束，更多的應該是援助和支持。同時，太陽與金星的合相常給個人帶來魅力、討喜的個性、生活品味和藝術的才華，但是，對於情慾的需求也大。

　　許多占星師特別重視行星間的合相，認為是最強而有力的相位，是一張星盤中的重點所在。特別是在某一行星與命盤的上升點合相時，常能指出一個人的生命方向或渴求。美國著名影星安潔莉娜‧裘莉，她合相上升點的金星，也是四宮的主星，除了與入陷的土星形成寬鬆的合相外，也與四宮內的天王星形成緊密的四分相，暗示她的家庭問題。再加上第四宮內的冥王星對衝月亮、十二宮內的太陽對衝海王星，徵象十分明顯！安潔莉娜‧裘莉很小的時候父母就離異，她

與父親長期關係不和，還曾與父親斷絕父女關係，直到三十四歲後才又與父親接觸，關係也逐漸緩和。此外，十一宮內的福點與自己的定位星金星以及上升點，形成緊密的六分相；命盤第十宮的主星火星、天頂、十宮內的星群與海王星形成三分相，這些徵象都符合她在演藝事業上成功的事實。而命主星月亮飛入第十宮，緊鄰火星、木星、天頂，還被火星與太陽接納，代表她的事業心強，能夠獲得貴人相助。她從跑龍套的小角色到獲得金球獎不過花了三到四年的時間。

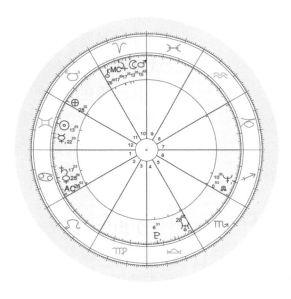

星圖二十三・知名影星安潔莉娜・裘莉（Angelina Jolie）

星群、五星連珠、七曜同宮

西洋占星學裡，三顆以上的行星在同一個宮位或星座中，稱為「星群」。如果一個人的命盤中出現星群，這種行星間連續形成合相的效應，將會對他的人生帶來重大影響。他的性格會明顯受星群所在的星座所左右，而星群所在的宮位也可能會是他畢生精力投注之所在，甚至可能帶來一生如影隨形的壓力。如果星群擴大到水星、金星、火星、木星、土星五顆行星都聚集在三十度角之內（也有占星家

將範圍放寬到四十五度），因為祂們都運行在黃道帶上，從地球上觀察宛若五星連成一線，此稱「五星連珠」。五星連珠也是常被討論的天文現象之一，在西方社會視為會帶來惡運。有些人則以「較科學」的角度主張，這些聚攏的行星會帶來引力的強化，造成地震、海嘯，出現天崩地裂、磁極倒轉。但是，真正的科學計算可得不出這樣的結果，畢竟，比起太陽的質量、月球的近距離，其祂行星物理上的引力作用還不至於造成地球的災難。

在中國古代，五星連珠被認為是吉兆，象徵有明主出現，另一方面也被認為是改朝換代的徵兆。據說，大禹建立夏朝的時候就出現五星連珠的天象，夏朝覆滅時五星連珠的天象又再次出現。不過，夏朝興、亡的年代，史學家至今也只能約略估計，要想確切定出是哪一年仍頗多疑慮。所以，這據說也只是傳說。殆無疑問的是，一個朝代滅亡，自然將有新的朝代興起。古占云：「五星若合，是謂易行，有德受慶，改立天子，乃奄有四方，子孫藩昌；無德受罰，離其國家，滅其宗廟，百姓離去滿四方。」進一步看，五星連珠在不同的宮宿，意義各有不同，也各有吉凶。前人常提及的例子之一是：五星聚井楚漢爭戰於關中——西元前205年五星聚於井宿，參照十二宮及卦位分野所劃：「未坤秦雍留」，未宮井宿對應在秦地關中。五星連珠當下，劉邦在如火如荼的楚漢戰爭中大敗於彭城，退回關中，進行整治。三年後，逼得敗逃無路的項羽自刎於烏江，漢朝一統。又如：五星聚於寅而漁陽鼙鼓動——唐天寶十四年（西元755年），平盧、范陽、河東三鎮節度使安祿山在范陽起兵，之後又在洛陽自立為大燕皇帝。西元750年正逢五星連珠在寅卯之間（回歸黃道的天蠍座和射手座間），「寅艮燕幽地」，寅宮的分野在幽州，也就是在范陽、漁陽。於是，「漁陽鼙鼓動地來，驚破霓裳羽衣曲。」白居易美了唐玄宗的情愛，卻也只能感嘆「天長地久有時盡，此恨綿綿無絕期。」

如果在五星連珠期間太陽與月亮也一同趕來湊熱鬧，這就形成

了更難得一見的「七曜同宮」的天象。查看歷史記錄，乾隆二十六年，在中國並沒有什麼慘烈的戰事或社會動盪，倒是畫師徐揚奉命繪畫「日月合璧五星聯珠圖」，以記錄七曜同宮的吉兆，稱頌皇上的聖德。畫卷繪有觀象台，以及渾天儀、天體儀等觀測星象的儀器。還見畫卷中市井人物相互走告，觀看天象。盛世新年，街道遊人如織，慶賀平安吉祥。款識中說明：「上御極之二十六年正月初一日，午初一刻。日月同在元枵宮，躔女宿，如合璧。水星附日，躔牛宿。木、火、土、金四星，同在娵訾宮。躔危、室二宿，如聯珠。」這一次的五星連珠所在的範圍從牛宿到室宿，黃道上相距五十度之遙，最多也只能算是寬鬆又寬鬆定義下的五星連珠。

乾隆二十六年之後一百年，咸豐十一年，又出現了日月合璧、五星聯珠的「祥瑞」！晚清外交官薛福成（號庸庵）在《庸盦筆記·卷之二》中有一段記載——「咸豐十一年八月丁巳朔，有日月合璧，五星聯珠之瑞，從塡星也。考是日卯正，日月同在張八度，歲星熒惑在張五度，太白在軫三度，塡星在張九度，辰星在張七度。蓋日月與木火土水四星同聚一宿，惟太白在軫。然與日月及水土二星相距不滿三十度，則猶可謂之合也。尤難遇者，五星皆順行而無遲留退逆之愆，且皆晨見而不伏匿，斯所以爲盛瑞也。是歲，官軍卽以八月朔日卯刻克複安慶，由此各路大帥相繼奏捷。甫逾一紀，而粵、捻、苗、回諸巨寇以次蕩平。中興之功，何其偉也！占驗家又謂自張至軫爲楚分野。是時輔翊中興者，如曾文正公、胡文忠公、江忠烈公、羅忠節公、李忠武公、李勇毅公，以及今相國恪靖侯左公、巡撫威毅伯曾公、前陝甘總督楊公、兵部侍郎彭公，皆係楚材，可云極盛。惟今相國肅毅伯李公所屬淮部諸將，皆係皖人。然春秋時，皖北安、廬、鳳、潁六郡，本皆楚地，則分野占驗之說，似不誣矣！沈約《宋志》謂周將伐殷，五星聚房；齊桓將霸，五星聚箕；漢高入關，五星聚東井。大抵皆隆盛治平之象。然則中興景運尚未艾也！」

如果薛福成只是要強調合壁聯珠在巳（處女座），楚之分野，故而楚才輩出。這點還真難以辯駁，因為他舉出了多位當朝重臣為例。但是，也許先入為主，他還認定了日月合壁兼五星聯珠必為祥瑞、「隆盛治平之象」。這點就很值得商榷了！歷史的事實是，當時中國各地的捻亂、回亂、與太平天國對壘方興未艾，「甫逾一紀以次蕩平」！一紀者，十二年也！這一次的祥瑞暗示了十二年內亂事可以慢慢平定？薛先生的祥瑞之說我難以苟同！更何況不到半個月之前的8月22日（咸豐十一年七月十七日）剛滿三十歲的咸豐皇帝駕崩。隨後發生了辛酉政變，咸豐自以為妥當的輔政遺命被廢止，慈禧得以執掌朝政近半個世紀。也就有了之後的中國命運！日月合壁兼五星聯珠壁必為祥瑞？天何言哉？

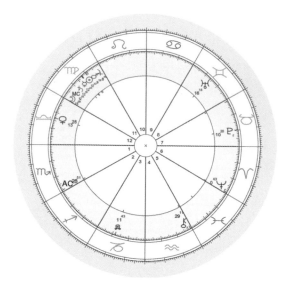

星圖二十四・咸豐十一年陰曆八月朔日七曜同宮—北京

　　讓我們再看一個政變連結七曜同宮的案例，也是是發生在陰曆正月初一日大過年的日子——1962年2月5日。更難得一見的是，除了日月合壁、五星聯珠在16°的小範圍內，這天還發生了日全食。日食發生時，日、月和南月亮交點緊密合相在當時的緬甸首都仰光的上升點上。不到一個月，3月2日，緬甸發生軍事政變，奈溫將軍奪取

政權並廢除聯邦憲法與民選制度，成立「緬甸聯邦革命委員會」，開始長達數十年的軍人獨裁統治與一黨專政，先前的民選政府被一舉消除。從星盤上看，密集的七曜緊靠在上升點左右外，南月亮交點也緊密合相上升點，海王星則高掛星盤最顯眼處，暗示了消融、幻滅、欺騙、美化，以及高度理想性之後的失落。

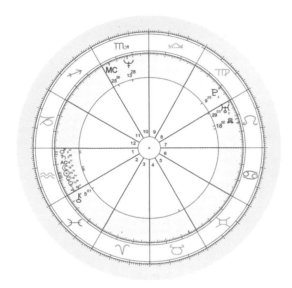

星圖二十五·1962年2月5日仰光日食圖／七曜同宮

　　1962年之後的三十八年，2000年5月再一次出現七曜同宮。這一次七曜同宮並沒有伴同日食現象，不過，必然會出現新月。檢視這一年5月4日台北的新月圖，七曜緊靠天頂左右外，最顯眼的是緊密合相天頂的土星，天王星則正好落在下降點處，對衝上升點。天王星代表突破傳統和革命的力量；土星則是對於之前所造作的回報，或稱為「業力之星」。土星也是塔羅牌二十一張大牌的最後一張！結束之後自有新的循環！5月20日陳水扁就任中華民國第十任總統，台灣第一次政黨輪替。

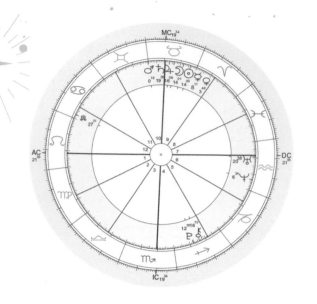

星圖二十六·2000年5月七曜
同宮一台北新月圖

新月圖、滿月圖、新月許願法

在世運占星中，國家的政經狀況除了會以國家成立時的「出生」星盤做為參考依據外，也常見以首都的春分圖，乃至二分二至圖做為觀察重點。又由於顯而易見的月相變化——從晦暗而逐日豐碩，終至圓滿，又漸次消蝕再回到黯淡，完成一個循環。有些占星師認為，月亮對於地球上的人事有著極其重要而又明顯的影響，新月、滿月、日食、月食等星象都可以作為一個國家或一個區域未來情勢的參考。例如，上文提及的2000年5月台北的新月圖。而在個人占星上，新月象徵一個循環的開端，也常會觸動一個人內心此一時段所關注的事情；滿月則是與人分享的時刻，或者是得到他人協助的時刻。如果拿行運的新月圖與本命盤對照，可以看出當事人在未來一段時間亟待展現和滿足的需求；滿月圖與本命盤的對照則會反映在他的人際關係或伴侶關係上。例如：滿月時太陽和月亮分別落入第三和九宮可能暗示，這個月裡，人際關係中溝通將會是生活重點，也可能暗示兄弟姊妹間的事情會和伴侶關係掛鉤；如果是落入第二—八宮，就要注意金

錢問題帶來的影響。同時，在新月或滿月圖中，和本命盤的上升點、天頂、下降點、天底合相的行星也常會帶來強烈的影響。不過，新月或滿月都只是行星過運的現象之一，新月或滿月圖的應用必須配合更多的流年預測方法，論斷才可能較準確。

上文提及的奧克拉荷馬市爆炸案主謀麥克維（參考星圖二十一），他犯案前的3月30日新月位於白羊座10°，進入他的命盤第十一宮。就在這個月，他準備以白羊的犄角衝撞美國社會，實現自己的理想，滿足自我所認爲的遠大目標。就在犯案的前四天，滿月走在天秤座，進入他的命盤第五宮。當流年月亮進入命盤第五宮會放大一個人的情緒和感受，總想要做些什麼來吸引他人的注意，特別又在滿月時刻。

對地球而言，太陽與月亮是天空中的兩大光源。太陽給予地球生命力，月亮帶來人心的感動。除了太陽崇拜，遠古以來的各文化也都普遍存在著月亮崇拜，奉月亮爲神祇而祭拜更是司空見慣。而在占星術裡，月亮的象徵也占有極其重要的地位，不管在本命盤上或行運圖裡都是。又因爲新月和滿月分別象徵開始和達到巔峰，於是，有些占星師大力提倡，配合月亮週期來許願的「新月許願法」——月亮從新月到滿月的「增光階段」，受光面積逐日增加，自然就被賦予了豐盛、漸強的意義。如果人們在新月後抓準時機許願，將能利於願望實現；相反的，滿月後的月亮受光面積逐日遞減，月亮「減光階段」有萎縮、收斂的意味。因此，適合在滿月後時段許下諸如減肥之類的「期待減少」的願望。不過，傳統占星觀念裡，星體太靠近太陽會被焦傷！因此，有些占星師進一步主張，新月許願的準確時機應該要在月亮離開焦傷的範圍後，甚至還有些占星師認爲，月亮走到與太陽呈六分相時（已經是新月之後的四、五天了）才是許願最適當時機！而在台灣的民俗中，陰曆的初二和十六日是拜土地公的日子，這似乎也與藉月相許願異曲同工。

將圓周分成五等分，
360°除以五可以得到72°角的五分相

　　數字「5」是象徵「人」的數字——人的四肢再加上「頭」，有
了五體完整的「小宇宙」。所以，五分相與人的創造力、心智能力或
精神層面的活動有關，指出了一個人所擁有的天賦。除了與水星所
代表的心智、溝通有關外，數字「5」以及五分相又和物質、收成有
關，帶來讓想法成形並加諸他人身上的能力，有時候還帶有執迷的性
質，會讓人對於同樣的主題鑽研不懈。蘇·湯普金曾舉《傲慢與偏
見》的作者英國小說家珍·奧斯丁為例——她的命盤上太陽與月亮呈
現五分相外，金星—火星間也形成五分相，此外，金星、火星又都分
別與代表傳播理念的木星形成144°角的「倍五分相」。因此，她所執
迷的就是月亮和金星所代表的關係上的議題。她的文學創作總在反思
十八世紀末的男女情感和婚姻關係，其中牽扯著社會地位和經濟條
件。但是，她的關注來源於命盤上的五分相，所以，一直都沒有在外
實現在自己的婚姻關係裡，僅止於寫作上，將自己的想法加諸世人。
珍·奧斯丁和姐姐情誼深厚，兩人都是終生未婚。

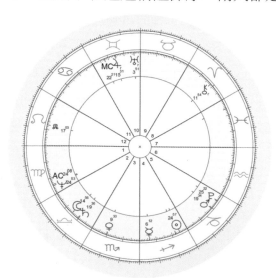

星圖二十七·英國小說家
珍·奧斯丁（Jane Austen）

月亮與土星合相是珍‧奧斯丁命盤上的另一組重要的相位。雖然，月土相位傳統上被認爲是缺乏想像力的相位，但是，海王星緊密貼合她的上升點，給她帶來一顆敏感和展現藝術才華的心。退縮、壓抑情感，這些令自己不舒服的性格同時也是月土相位帶給她的禮物——月土相位會阻斷一個人和自己的陰性面向連結，同時，她必須去創造出內在的空間，向內探索自己的陰性面向，尤其對女性而言更是如此。1802年12月，一位男士向奧斯丁求婚，她接受了。這門親事可以給她和她的家人帶來許多實際的利益，能夠讓她的父母享受舒適的晚年，給未嫁的姐姐一個永久的居所，或許還能爲她兄弟的事業提供幫助。但她隨後覺得自己的決定是個錯誤，第二天早晨就收回了對求婚的首肯。當然，這是十八世紀末、十九世紀初的故事，我們不能以今天的觀點說道。

　　如果行星間的距離是144°，72°的兩倍角，稱爲「倍五分相」。倍五分相帶來的影響與五分相相同。德國哲學家叔本華的命盤中，入陷的金星與十二宮內的木星形成五分相外，他在雙魚座的太陽也與一宮內的天王星形成倍五分相。木星與一個人的宗教信仰、人生的信念有關外，第十二宮和雙魚座則是避世、大我的領域。雖然叔本華的哲學中融合有佛教思想，他也倡議禁慾，自己卻過著奢華的生活。「邊吃著大餐，邊談著悲觀主義！」有人這麼揶揄他。

將圓周分成七等分，得到51.5°的七分相

　　雖然一般占星師解盤時不一定會特別強調七分相，但是，一些樂於討論靈魂、前世今生這類議題的占星師可能就會比較注意它，七分相常被認為是與過去的「業」有關。事實上，自古以來東、西方文化都認為數字「7」是一個神祕且莊嚴的數字，而且頻繁的在傳說、文本、日常生活中出現。「7」，可以看做是在象徵大宇宙的六芒星中心加上一點，萬物流轉中「唯有業隨身」。「七」也代表一個循環。托特塔羅牌的第七號牌「Chariot」圖像中所描繪的是一身甲冑的馭者守護著聖杯。聖杯，基督在最後的晚餐中所用的酒杯，也盛裝祂在十字架上被槍矛刺殺所流出的鮮血。

　　上任僅三十三天就去世的第263任天主教教宗若望保祿一世，命盤中的土星與海王星就呈現七分相位。接任的第264任天主教教宗若望保祿二世（參考星圖三十五），土星也與上升點呈現七分相，命主星金星則與冥王星形成七分相位。

將圓周分成八等分，
可以形成45°的八分相／半四分相

　　半四分相的三倍角度就是135°的「八分之三相」。這兩種相位都會引起緊張與壓力，能量在一段時間的壓制後再強烈的釋放出來。如果一個人的命盤上有這類相位，則容易將童年的心理議題埋藏在無意識中，在之後的某個時間點再出其不意爆發出來，也可能是藉此來完成自我實現。數字「8」是完成一個循環的「7」之後下一階段的第一個數字，代表重生或復活。

　　命盤中的半四分相、八分之三相位，雖然也可能帶來緊張與壓力，不過，力量較弱，真正造成明顯傷害的時候不多，就如同30°角的「半六分相」，位於兩個行星中點位置的行星所形成的這些次要的相位比較能夠發揮明顯的影響力。例如：被譽為股神的巴菲特（參考星圖十六），命盤中緊鄰天頂的金星就位在呈四分相的太陽與月亮中點位置，於是，金星與太陽、金星與月亮都形成了半四分相；同時，太陽也位在呈四分相的金星與冥王星中點位置，太陽也就分別與金星、冥王星都形成半四分相。這幾顆行星顯然都與財富和投資有關。

　　蘇·湯普金認為，形成三分相的行星間的能量能夠順暢流動，而形成四分相的行星間的能量流動常常是受到阻礙而不暢通的，半四分相或八分之三相位則表現為能量受到壓抑後的強烈釋放。所以，常常可以看到，意外事件的星盤中有重要行星呈現三分相或半四分、八分之三相位，以及能量擺盪在相對兩端的對分相。一般所認為的凶相位四分相反而較少見。他還舉了1987年的「自由企業先驅號」沉船事件為例。

　　讓我們再看另一個星盤：發生於1995年6月29日下午5點50分的漢城三豐百貨店倒塌事故，此一事故共造成502人死亡，財產損失約等於2.08億美元。災難發生時的星盤中，月亮和土星、冥王星構成大

三角的相位圖形，又和海王星、天王星呈對分相。星盤第八宮主星月亮也和木星形成八分之三相位，世俗占星學中的第八宮代表的意義包括有：「公共安全」。當上升點走到木星位置，建物毀滅的能量開始爆發。

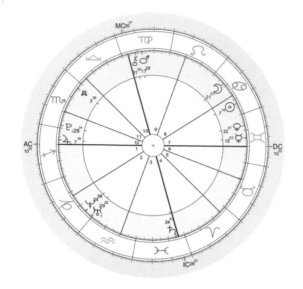

星圖二十八・1995年漢城三豐百貨店倒塌事故

　　比較另一起大樓倒塌事故：2013年4月24日早晨08時45分發生於孟加拉國達卡縣一棟8層大樓倒塌，經過19天的搜救，最終確定死亡人數達1127人、約2500人受傷。從星盤中可以看到，代表公共安全的第八宮主星土星與上升點呈八分之三相，也與太陽、金星以及火星對衝。而象徵毀滅能量的冥王星與天底位置形成三分相，也與太陽、金星、火星星群形成三分相，構成了能量能夠順暢流動的大三角。

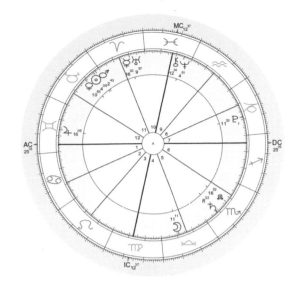

星圖二十九・2013年孟加拉大樓倒塌事故

　　讓我們再看美國的九一一事件發生時的星盤——星盤上呈現多組三分相，其中，水星、土星和水瓶座上的天王星、海王星構成大三角的相位圖形；這組海王星、天王星也對分金星；金星也與代表暴力的火星形成八分之三相位。世俗占星學裡，金星代表金融相關領域。這一天太陽開始進入與海王星形成八分之三相位的範圍內，當上升點走到水星位置，被劫持的客機撞向位於紐約市裡許多金融公司據點的世貿中心大樓。

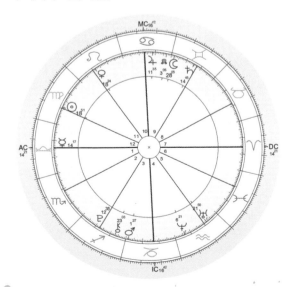

星圖三十・九一一事件發生時的紐約星盤

如果從星座來看，一個行星所在星座的前、後星座以及對宮的前、後星座，也就是形成托勒密相位之外的四個星座，被稱為「不合意」位置，代表無所知、被忽視，甚至是「厭惡」的位置。若以第一宮的角度看，不合意位置的第六宮代表奴役、疾病；第八宮代表內心的恐懼；第十二宮代表隱藏的敵人或障礙。雖然第二宮代表資財，古典占星的觀點卻從來都不認為二宮是一個吉宮。而對於不合意位置所可能形成的30°角「半六分相」或150°角的「十二分之五相位」，現代的占星師們卻有十分不一樣的解讀——雖然一般占星師認為30°角帶有調和的意味，也有些占星師反而認為是一種較弱的負面相位。不過，大多數占星師還是認為，半六分相的影響力僅在祂位於其祂兩顆行星的中點時才會較明顯。如果是行星間形成了150°角，代表的是兩個生命領域之間的強烈能流，同時會不斷給命盤的當事人帶來困擾，也因此他必須發展出敏銳的辨識力以及某種形式的自律，才能為這兩個生命領域帶來轉化。也就是說，十二分之五相被認為可以帶來洞見。

現代的占星觀點又認為，命盤中的十二分之五相位容易帶來疾病，而且常是由心理上的壓力所造成。而受十二分之五相位強烈影響的人，心理上總覺得自己不夠完美，或是常有內疚的心理，因而在他人面前表現出委屈求全、自我貶抑的姿態。上文提及的奧克拉荷馬城爆炸案主謀麥克維（參考星圖二十一）不但命盤上金、土緊密合相，金星還與冥王星呈十二分之五相。金土相位常暗示童年生活中的情感經驗不愉快，進而影響到成長後的人際關係。同時，金星與冥王星所呈現的十二分之五相位指出了他的自卑情結，以及扭曲的情感處理方式。

2004年，在台北一位很年輕的模特兒因男女感情問題而跳樓身亡，令人吁噓。女模特兒的命盤中，巨蟹座的太陽與土、火、冥王星星群四分外，也與海王星呈十二分之五相；月亮與天王星對分外，也

與土星形成八分之三相，與木星形成十二分之五相位。巨蟹座和月亮在健康的論斷上都被連結到憂鬱症，尤其是十二分之五相位下。當過運火星四分月亮、天王星，可能也貼合她的命盤上升點，觸發這些徵象，憾事就發生了。

　　人們爲趨吉避凶而論命或占卜，因此，曾經的觀念很自然的會以吉凶禍福來分類占星元素。於是，行星有吉、凶星之分，相位也有輕鬆、柔和的和困難、強硬的之分。例如，四分相、對分相就被歸類爲強硬相位，甚至被稱爲困難相位；三分相、六分相則是和諧的相位，或稱輕鬆的相位。不過，到了二十世紀中葉心理學出現人本主義一派，強調人的正面本質和個人成長的價值，反對過度以決定論解釋人的行爲。而存在主義也方興未艾，強調身而爲人自由決定自己人生意義的可能。與此同時，許多占星前輩也提出了反對宿命論或過於簡化而刻板的吉凶分類的論述，更樂於以心理動力學的觀點連結上占星術的相位所代表的內在衝突與壓抑。不過，過度彌補傳統占星學武斷式的錯誤，而強調人的創造能力和成長的價值，卻也容易造成忽略人生而帶有缺陷、必須面對挑戰的事實。史蒂芬・阿若優認爲：「過去被視爲困難的相位，現在被塗上了理想的糖衣，因而忽略了某些困難相位確實能指出一個人關鍵的問題，甚至可能是此人最重要的缺陷或負面特質。」我們毋須放大命盤中負面相位的困難，反而應該勇敢面對它所帶來的挑戰，這才是人存在的意義！也是學習命理學的價值！

　　也有些占星學者主張，相位本身並無吉凶，所代表的只是行星間的一種互動關係。如果要論吉凶，也是由形成相位的行星所決定。史蒂芬・阿若優也認爲，占星師必須依照行星的本質來衡量每一個相位的意義。他還進一步說：本命盤中的相位能夠指出一個人轉化的所在。這些主張符合七政四餘論命的基本原則：「吉星同經，吉無不利；凶曜同經，其害宜防。」——舉例來說，命主落在二十八宿中五行屬水的箕宿，則必須檢視二十八宿其餘三個五行屬水的壁、參、軫

宿，看看同經四宿中落有哪些星辰或餘奴？如果有吉星，則能帶來助力；如果是凶星，則會帶來阻礙。同樣的，命主若是落在五行屬金、木、土、火，或四日宿、四月宿，也都依此原則。而四個五行相同的同經之宿在黃道上正好位在十字形的四角，星曜同經也代表很可能就形成了180°的對分相或90°的四分相，所謂的困難相位。

相位圖形

幾個形成相位的行星間的連線，有的時候會在星盤上呈現出一個特殊圖形，如前述的「大三角」。這些行星連線形成的圖形常帶有特別的意義，有些占星師將其視為某種特殊格局。例如，三顆行星間，或尖軸，相互間形成三分相，構成接近正三角形的大三角相位圖形，代表一種擁有天賦能力的格局。至於是哪方面的天賦，則從星座元素或宮位性質進一步去探索。雖然，大三角相位圖形能帶來某方面的天賦，卻又由於不經過努力即可擁有，而在此一方面欠缺警覺。一一五一九宮大三角的人可能會過度樂觀和自信；二一六一十宮大三角的人可能會輕忽理財、不知節約；風象星座大三角的人看似習慣於理性思考，卻也可能深度不足；水象星座大三角的人敏感又擁有較強的直覺能力，卻常任由情緒泛濫。

如果命盤中有某顆行星與組成大三角的三個頂點之一形成了對分相，又分別與另兩個頂點呈六分相，四個點的連線形似「風箏」。風箏相位圖形的徵象被認為是較佳的格局，如同風箏能夠高飛。這是由於風箏相位圖形在幸運的大三角之外，加上了一組對分相，大三角原本欠缺警覺和容易懈怠的缺點也因此受到了衝擊，在不斷的刺激下，當事人不得不有所自覺，逐漸懂得珍惜和掌握機會。英國已故首相邱吉爾命盤裡的月亮一金星一海王星形成一個大三角，再加上木、火合相與海王星對衝，構成一隻風箏。這隻風箏載著他在政壇上飛的

又高又遠外，還帶來勤於創作的能量，質量驚人，包括書寫和畫作。
如果少了木、火合相的刺激，海王星可能流於夢幻，不知大三角會否
指引他走向預言家或江湖術士之路？

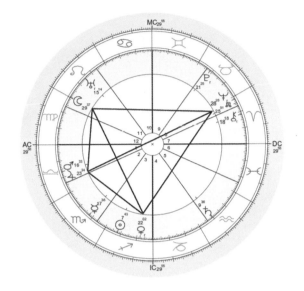

星圖三十一．英國已故首相
溫斯頓．邱吉爾（Winston
Churchill）/Placidus houses
system

　　前文曾提及的「T形」相位圖形，被一些占星家視為一個人的命
定功課。命盤上的「T形」也相當於一個等腰直角三角形——三角形
直角點上的行星分別與兩顆對衝行星形成了四分相。這顆直角點上的
行星也就承受了T形相位圖形的最大壓力，祂所在的宮位也就成了人
生中必須面對的挑戰。如果形成T形相位圖形的三個點之一另外存在
著輕鬆相位（三分相、六分相），壓力得以紓解外，這組（或幾組）
輕鬆相位的行星或宮位也是面對人生挑戰的出口。例如，第一個踏上
月球表面的太空人阿姆斯壯的天頂定位星，也是整宮制的第九宮主
星，天王星就與木星、土星形成一個寬鬆定義下的T形相位圖形。第
九宮和天王星都與航空有關，成為太空人似乎就是阿姆斯壯理所當然
的命運。而天王星又與出生時的火星形成六分相、太陽三分相，火星
和太陽在職業徵象上都代表軍人。擔任登月的太空人之前，阿姆斯壯
曾是美國海軍的飛官，參加過韓戰。之後，阿姆斯壯又申請成為空軍

的試飛員。雖然阿姆斯壯在執行太空任務時不是軍人身分，但是，他成爲太空人與美國軍方有絕對關係。

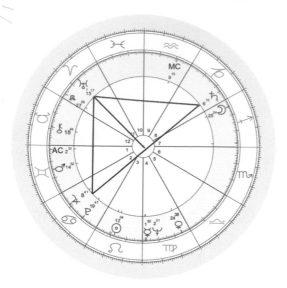

星圖三十二·第一個踏上月球表面的太空人阿姆斯壯（Neil Alden Armstrong）

　　如果在T形相位圖形中的直角頂點的對衝位置也有一顆行星，則這四個位置、兩組對衝的連線可以構成一個「十」字，稱爲「大十字」相位圖形。大十字相位裡的四個點形成兩個對分相外，也包含了四個四分相。這會在個人的內心中造成矛盾與困擾，也常表現爲人際關係上的衝突。形成大十字的四個點很可能都落在開創星座，或都在固定星座，又或者是都落在變動星座。開創星座的大十字總是輕啓戰端，自我、任性；固定星座的大十字帶有執念，處理人事常不知變通；變動星座的大十字比較善變，或者表現出猶豫不決。大十字除了帶來個性上的問題，進而造成人格整合的困難，十字架的形象也帶來巨大壓力，同時又是強大的意志力。因此，隨著年紀漸長，人格漸趨成熟，並利用命盤中的正面相位引導，大十字也常能夠成就功業。蘋果公司創始人賈伯斯的命盤（參考星圖十八）裡就有開創星座、第二一五一八一十一宮的大十字相位，而且他的大十字四個點上的行星也都與重要的占星因子間呈現六分相或三分相，爲辛苦的人生帶來頗

多助力。

　　如果某一行星與星盤裡的一組六分相形成了兩個十二分之五相位，三個點在星盤上的連線如同一尖銳的箭頭，此相位圖形有一響亮名稱：「上帝之指」。上文曾經提及，形成十二分之五相位的兩個生命領域間存在強烈能流，會不斷給當事人帶來困擾，因此他必須發展出敏銳的辨識力以及某種形式的自律，才能爲這兩個生命領域帶來轉化。而相位圖形中的上帝之指的效應是，給當事人帶來與意願相左的人生劇變；同時承受了兩個十二分之五相位壓力的指尖——端點行星和所在宮位——指出一個人的使命所在。美國傳媒大亨、CNN創辦人泰德・透納命盤裡的天王星就承受了合相上升點的水星、天底定位星火星（也是整宮制的第五宮主星）這兩個十二分之五相位的壓力，成爲上帝之指的端點行星。天王星在職業上也與廣播技術事業相關。

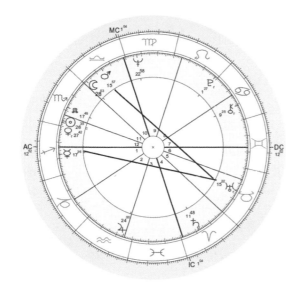

星圖三十三・美國傳媒大亨、CNN創辦人泰德・透納（Ted Turner）/ Placidus houses system

　　以勇於競爭的形象而知名的CNN創辦人泰德・透納曾說：「我在我的辦公室住了20年。在CNN大樓裡的前十年我根本是在辦公室沙發上過活。」除了在工作上拼搏，透納同時也曾是世界級帆船選手。在他擔任船長，率領船上成員贏得帆船賽冠軍時，他的怪異舉止和桀驁

不馴成爲報紙頭條。其實他的父親對兒子很嚴格，很早就要求透納參與家族的戶外看板廣告事業，學習當個生意人。「十二歲開始，暑假的時候我每週要工作40個小時，父親付我一小時10分美元。」透納回憶。泰德‧透納後來申請進入了著名的常春藤盟校布朗大學，他的父親不願提供資助，一年後，透納只能輟學，回去幫父親經營事業。當時透納家族的戶外廣告事業已經稱霸美國南方市場，但他那被憂鬱症所苦的父親仍在持續擴張事業，終致精神崩潰。在透納24歲時，父親自殺身亡，他也就接手了父親的事業。這一年，他的「太陽弧向運」北月亮交點正好走到命盤上升點的位置，行運海王星在出生時的北月亮交點附近徘徊，而過運的北月亮交點也靠近命盤上的冥王星。在他人生轉捩點的流年裡，月亮交點扮演著至關重要的角色，因爲泰德‧透納命盤裡指出使命所在的上帝之指端點行星正好落在月亮交點軸線之上！命盤上的行星與月亮交點形成合相時，總帶有宿命的意味。月亮交點軸線也被一些占星師稱爲「命運軸線」，在命盤上逆行。

月亮交點

　　2011年上映的電影《戰國》在開頭部分的一幕——孫臏預測了第二天將發生日食，獻計魏軍，利用此天文現象突襲齊軍，扭轉戰局。日食和月食是太陽、地球、月亮三者間的相對位置同在一直線時所造成的天文現象。日食會發生在新月的時候，日、月合相；月食則是發生在滿月的時候，日、月形成對分相時。但是，占星學上的日、月合相或對分相並不表示太陽、月球、地球三者一定正好位在幾何上的一直線，因爲月球繞地運行的軌道與黃道面是以5°角傾斜相交的。因此，並不是每次新月時候都會發生日食，也不是每次滿月時候都會發生月食，還必須是在月球接近黃道面的新月或滿月才會發生日食或月食。

*白道面和黃道面存在大約 5°的夾角

月球軌道以交點軸線爲界

部分在黃道面之「上」部分在「下」

地球軌道（黃道面上）

月球軌道（白道）

朔

望

發生日食

發生月食

白道和黃道面的交點

（月亮交點軸線）

從天北極看月亮交點軸線

隨時間推移以順時針旋轉

（不發生日、月食的朔、望）

　　當月球行進的軌道由南黃緯向北穿越黃道面時，此位置稱爲「北月亮交點」；由北黃緯向南穿越黃道面時的位置則稱爲「南月亮交點」。在每一個時刻，南、北月亮交點的位置被視爲在黃道上相對，相距180°。月亮交點軸線平均約18.6天在黃道上逆行移動1°。日食會發生在日、月合相的黃道位置距離月亮交點18°之內的朔日；月食則更近些，日、月和月亮交點的黃道位置不超過13°的望日才會發生月食。

　　類似日食的天文景象也出現在水星和金星的觀測中，只是視覺上的水星遠遠小於月球——當水星橫越過太陽前方時（太陽與水星合相），從地球上觀測，可以看到一黑色小圓點（水星）橫向穿過太陽，稱爲「水星凌日」。雖然太陽與水星每年有三到四次合相，但

是，水星公轉軌道平面與黃道面也有7°角的傾斜，因此，水星凌日也只有在水星位於地球和太陽之間且水星穿越黃道平面之際才會發生，平均每百年出現十三次。而日、月食就不算是罕見的天文現象了，每年總是會發生幾次，不過，每次發生時地球上只有部分地區可以觀測到。

太陽與月亮是地球生命所能感受到的兩個最大、最亮天體，與人們的日常生活息息相關，日、月食發生時天空突然變得黯淡，對人類以及所有生物都會帶來強烈的不安以及莫名的恐懼。因此，自古以來日、月食一直被認為是大凶的徵兆。直觀來看，太陽代表君王，月亮代表臣民百姓，日食時月亮遮住了太陽的光芒，月食時太陽光無法照射到月亮上。有些占星家還會將重大天災與日、月食連結，認為地震、旱災與日食有關，水災、疫病與月食有關。前文也提過，1962年2月5日七曜同宮期間的日全食發生時，太陽與月亮緊密合相在緬甸首都仰光的上升點（參考星圖二十五）。不到一個月，緬甸發生軍事政變，之後開始長達數十年的軍人獨裁統治與一黨專政。

再舉2001年6月1日尼泊爾王室血案為例：血案之後的2001年6月21日，也是夏至日，北月亮交點在巨蟹座6°，太陽、月亮剛進入巨蟹座0°。日食發生的時間點，在尼泊爾首都加德滿都的上升點正好與冥王星緊密合相，這個日食天象完全反映出尼泊爾的詭譎氛圍，以及隨之而來的國家變化。日食發生在巨蟹座，也註釋了二十天前王室的禍起蕭牆。

在每一個人出生的命盤上都可以標示出月亮交點的位置。不過，如同其祂占星因子帶來的影響，每個人對於月亮交點的影響感受各不相同。在「上帝之指」一段中提及的泰德·透納，因出生時的天王星落在月亮交點軸線上，同時又是上帝之指的端點行星，因此，當流年中的月亮交點碰觸到命盤上的敏感位置時，就可能帶來人生劇變！此外，對於出生在日、月食前後的人，月亮交點的意義似乎也特

別重要，他們人生中的大事總是發生在與月亮交點有關的行運裡——行運的月亮交點帶來影響，或是過運行星碰觸到命盤裡的月亮交點位置。例如：出生在月食之前幾個小時的美國第四十五任總統川普（命盤參考星圖四十三），2017年就任美國總統時行運的土星走到他出生時南月亮交點的位置，也與出生的太陽形成對分相。同時，行運的北月亮交點也趨近出生時的上升點。到了2020年底，川普七十四歲半時，月亮交點繞行黃道四次後回到他出生時的位置，競選連任失敗。但是，川普質疑本次選舉的「合法性」，甚至還宣傳「拯救美國」的集會，終致發生了川普支持者衝擊國會的事件。除了行運的月亮交點回歸外，這一時期，行運冥王星也對衝他命盤裡的土星，摧毀了他的頑固土星。土星也是他的第五宮主星，第五宮與選舉活動有關。

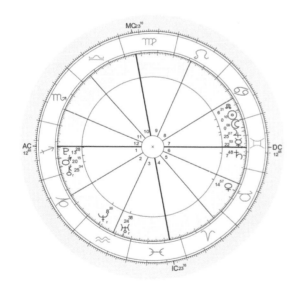

星圖三十四・2001年6月日食下的加德滿都

　　再舉一出生於日偏食後9個小時、命主星合相南月亮交點的命例。前文〈占星學的職業和工作徵象〉中曾提及，T形相位圖形裡的行星以及祂們能量的匯集點常能指出一個人此生命定的功課。讓我們再回頭看看在「七分相」一節曾提到過的第264任天主教教宗若望保

祿二世——他在大學就讀時主修語言學，同時研究戲劇，也加入了足球隊，並且擔任守門員。落在獅子座上的天頂，以及接近天頂的海王星和木星，都十分符合他的社會經歷和人生表現。除此之外，呈對分相的土星和天王星，也都和雙子座頭的月亮形成四分相。T形端點所在的雙子座與傳達理念的工作有關；月亮則與公眾事務的工作有關，也包括宗教家。月亮所代表的工作也包含「守衛」，夜間守衛，或者是足球守門員都是。

　　若望保祿二世獲選為教宗時，剛經歷土星回歸，他的命盤裡土星一上升點呈七分相，至此，侍奉主的生命完成了前半生的課題，今後必須肩負新的使命。而行運的木星也正在他出生時的天頂位置，過運火星和天王星則走到出生時的北月亮交點位置。行運天王星遇合出生時的北月亮交點會帶來新的人生旅程，尤其是祂還對衝命主星金星，命盤裡的金星－冥王星是另一組七分相。除了當選教宗時的行運碰觸到命盤的北月亮交點外，1981年5月13日被槍擊時，行運的北月亮交點正在他出生的天頂位置，行運的火星和凱龍星也走到他的南月亮交點位置。教宗若望保祿二世被槍擊的時間在他生日的前五天，槍擊事件發生當下的星象也就和他這一年的太陽回歸盤相近，關於此，將留待「流年」一章再做討論。

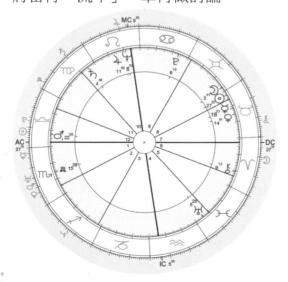

星圖三十五・教宗聖若望保祿二世（Pope John Paul II）／Placidus houses system

顯其多智卻似妖

在電影《戰國》中，孫紅雷飾演的孫臏披散著長髮，漫步在戰地，忽然靈光一閃想到了突襲妙計，轉頭對魏國將軍說：「明日午時會有天狗食日發生……」也許電影觀眾要懷疑，在沒有計算機輔助的古代，如何能快速又準確預測出日食發生的日期？甚至時辰？這應該是「小說家言」吧！的確，我們的生活中小說家言所在多有，就如稗官野史裡諸葛亮能在七星壇上借得東風，火燒曹營！先不論史實裡諸葛亮在赤壁之戰中有無角色，今人以理性觀點討論「借東風」時都會說，就算真有設壇做法也不過是在故弄玄虛，掩人耳目罷了。主要關鍵還是在於軍事家對當地氣象狀況的掌握，表演一番為的是給軍士們做心理建設，不過，這位軍事家不是諸葛亮，而是周瑜！也莫怪乎魯迅在《中國小說史略》中評論羅貫中的三國演義：「寫人亦頗有失，以致欲顯劉備之長厚而似偽，狀諸葛亮之多智而近妖。」

不過，今人也不能全然忽視古人的智慧。前人為了應用以及傳遞上的方便，常會將所獲得的知識和技巧編成歌謠或口訣的形式，其中也包括一些命理或星學上的規律。因此，常有些看似複雜的計算，靠著幾句口訣就點破機關。今天，雖然我們沒有鬼谷子所傳授的祕笈和口訣，運用天文學的基本觀念，也是能夠很快預估出日、月食的日期。最簡單的方法之一就是，以交點年的週期配合上朔、望日——「交點年」是指太陽連續兩次遇合北月亮交點（或者是兩次遇合南月亮月交點）所需的時間，其長度約為346.5日，比回歸年、恆星年略短。又因為南、北月亮交點在黃道上呈180°相對，因此，交點年的一半，每隔約173天太陽就會與南、北月亮交點輪流遇合。太陽與月亮交點接近的朔、望日是發生日、月食的條件，所以，每次日食後約173天左右、346天左右的朔日就可能再次發生日食；每次月食後約173天左右、346天左右的望日就可能再次發生月食。例如：2001年

6月21日（UTC）日全食，176天後的朔日12月14日發生日環食，再經過178天後的朔日2002年6月10日又再一次日環食。又如：2003年5月16日（UTC）月全食，177天後11月9日的望日再次月全食，再經過177天後的望日2004年5月4日再一次月全食，又經過177天後10月28日的望日又一次月全食。當然，太陽與月亮形成正相位的時間就是發生日、月食的時間。

上述預測方法是基於朔、望配合上月亮交點會有日、月食發生，而二分之一個交點年與六個朔望月的週期接近。「朔望月」是指連續兩個朔或連續兩次月圓的時間間隔，長度會在29.5天左右變動。除了觀察月相變化而有朔望月的觀念，天文學上還有多個常用的月球運行的週期。其一爲「近點月」——月球從近地點（月球軌道上離地球最近的點）到近地點所需的時間，平均約爲27.55天，這也代表地球和月球出現相同距離的週期。其二爲「交點月」——月球連續兩次遇合北月亮交點的週期，平均約爲27.21天。交點月（draconic month）的另一個霸氣名稱是「天龍月」，因爲占星傳統上月亮交點一直都被賦予龍的形象。北月亮交點又名龍頭；南月亮交點又名龍尾。在此提出朔望月、交點月、近點月，是爲了介紹另一個古老又有效的預測日、月食方法：「沙羅週期」

沙羅週期

沙羅週期（Saros cycle）是指18年11天又8小時的一個星象循環，這個時間長度約等於242個交點月、239個近點月、223個朔望月，也等於19個交點年。經過一個沙羅週期，太陽、地球和月亮會回到相似的幾何對應位置，因此，古人找到了一個日、月食的規律：每隔18年11天又8小時發生的日食（或月食）可以組成一個「食的家族」，或稱「序列」，又或者可以視爲一條「食的龍」。因爲，

每18年11天又8小時發生的日食或月食，可見的地區會從北漸次往南，或者是從南漸次往北，如龍巡遊。例如，2001年6月21日12:04（UTC）的日全食發生地點在11.3S；2.7E，一個沙羅週期後的2019年7月2日19:24（UTC）的日全食地點則在17.4S；109W。預估2037年7月13日2:40（UTC）在24.8S；139.1E將再次出現日全食。由於沙羅週期不是一個整數天，還有一個8小時的尾巴——地球自轉三分之一圈的時間，因此，可以看見食的區域也會逐次往西移約120°。

由於天體的攝動，太陽、地球和月球間的相對運動也會隨時間慢慢調整，因此，一個沙羅序列並不是永遠有效。每個日食沙羅序列都是由日偏食開始，並且最大食分會逐次擴大，大到成為日全食或日環食，然後最大食分又會逐次變小而成為日偏食。一個沙羅序列從開始到結束，可以長達十幾個世紀。例如，前述2001年6月21日的日全食是屬於「日食沙羅序列127」，「序列127」從991年10月10日的偏食開始，到了1352年5月14日出現第一次全食，預估在2452年3月21日會是此序列的最後一次日偏食，這一個序列總共包含了82次日食。

月食也是類似狀況。前述2003年5月16日的月全食屬於「月食沙羅序列121」，「序列121」從1047年10月6日的半影月食開始，到了1408年5月10日出現第一次月偏食，1516年7月13日開始出現第一次月全食。此序列的第54個月食是在2003年5月16日的月全食，食甚時間在3:41（UTC）。一個沙羅週期後的2021年5月26日11:20（食甚時間）的月全食則是此序列的最後一個月全食，再經過一個沙羅週期的2039年6月6日19時（UTC）將以月偏食型態出現。預估2508年3月18日的半影月食會是「月食沙羅序列121」的最後月食。

第五章 流年

命為本，限為末，定一世之榮枯。星移度，煞移宮，決流年之休咎。

——《流年都天賦》

　　俗話說：一命二運三風水！一個人的出生命盤指出他的先天稟賦，但是，他的人生經驗不會完全由此所侷限。尤其，隨著時間推移，物換星移，流年行運會帶來機會與困難，每個人在各個關口必須為自己的人生方向做出抉擇。因此，相對於「命」，更多人要問的是「運」！「我什麼時候會結婚？」、「我未來幾年的事業運如何？」、「我今年有機會中樂透嗎？」西洋占星術發展的歷史中當然有過許多種流年運勢論斷的技巧，在介紹流年預測方法之前，必須先強調的是：所謂的流年運勢，只會是引發、觸動出生命盤上的徵象所暗示的可能，命盤上不存在的徵象，不會在行運或推運中被實現。例如，出生時入陷於獅子座的土星落在命盤二宮，又受嚴重刑衝，他的財務狀況一般是比較不好的，包括投資運勢，或是彩券中獎的機會，都是比較困難的。當大吉星木星行運進入他的第二宮時，的確也有可能給他帶來金錢上的好運，可能升職加薪，或是所屬的小組獲得公司的獎勵而額外獲利，諸如此類屬於常規下的事件。不過，獲得意外橫財的可能性還是比較小的，反而要小心木星的過度樂觀，以及追求刺激、冒險的特質所帶來的負面影響——這段時間是否對於金錢和物質有過大的野心？會否過度揮霍？甚至因而造成金融信用的問題？

　　再以阿諾·史瓦辛格為例，《維基百科》上的可見記錄，他在2001年12月9日騎摩托車摔斷了六根肋骨；2006年1月8日騎乘的三輪摩托車撞車，嘴巴縫了15針。兩次意外發生時的行運如何？

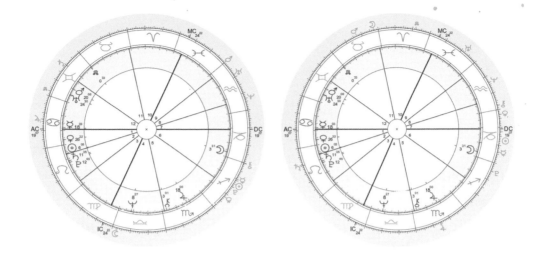

星圖三十六‧阿諾‧史瓦辛格（Arnold Schwarzenegger）/Placidus houses system
2001年12月9日車禍行運（左圖）、2006年1月8日車禍行運（右圖）

　　2001年12月9日之前的一段時間裡，行運的海王星在阿諾的八宮頭由逆行轉成順行，與他的出生太陽形成對分相，與他在十二宮內的火星形成八分之三相位。這一時期他的太陽所代表的意識被海王星所模糊外，太陽也是他的第三宮主星（流年占星上我一般使用普拉西度分宮法），第三宮主管一個人的交通狀況。到了意外發生當天，行運水星也走到了射手座20°，與他的太陽形成了八分之三相，也與十二宮內的火星形成對分相。行運水星常扮演著觸發的角色，將徵象實現成為事件。而命盤十二宮內的火星常暗示容易招來意外傷害或是遭受莫名其妙的攻擊，尤其當火星與天王星又形成合相。命盤裡的火、天合相本就已經帶有容易招來意外傷害的徵象，此時被行運水星所觸發，十二宮中所潛藏的、火天合相所蓄積的，終於爆發出來。

　　在2006年1月8日之前的一個半月，阿諾的行星過運盤上，回歸土星在獅子座11°由順行轉成逆行，慢慢接近他的太陽。同一時間段，行運木星在天蠍座與他的太陽形成四分相。到了意外發生時，行運的火、木對衝，與阿諾在二宮中的日、土、冥星群構成T形相位圖

形，帶來壓力。同時，行運水星到達與出生太陽呈十二分之五相的位置，配合上這段時間以來的行運天王星的位置，構成一個上帝之指。另一組十二分之五相位則是行運冥王星與出生時的金星，金星在身體上所主管的部位包括嘴和唇，這造成他的嘴受傷。而在阿諾第七宮中逆行的過運金星此時也正好對衝他出生時的金星。除了凱龍的治療者形象外，第七宮對於傷患而言也是治療人員的位置。此時走在阿諾第七宮裡的行運凱龍和金星，暗示為他進行縫合手術的醫師和照顧他的醫護們就要登場了。

　　以上所舉阿諾的意外事件案例，是從事件發生時天空中行星所在的位置與出生時的命盤做比對，檢查事件發生的徵象，或者所指示出的當時環境狀況、心理狀態對一個人可能造成的影響。這種以實際天象的效應預測流年的占星法稱為「行星過運法」。不過，占星師如果僅憑過運行星與出生命盤的比對就做出流年事件的預測，恐怕過於草率，難以做出正確判斷！一般的情況是，占星師們會同時使用幾種預測方法，當幾種預測法都指向同一方向時，才比較有把握做出論斷。現代的西洋占星術比較流行的流年預測法有：太陽弧向運法、次限推運法、太陽回歸法、行星過運法。這幾種方法在許多占星網站上也都提供了流年星圖繪製，工具取得容易，使用上相當方便。以下對於這幾種方法做初淺的介紹。

行星過運法（Transits）

　　從一個人的出生時刻和地點可以繪製出他的本命盤，指出天賦才能與個性、所繼承的家族遺傳（物質的以及精神的），還有出生時的社會環境所帶來的影響，這些構成了一個人的生命基礎。不過，「天行健；地勢坤」，行星不是靜止不動的，祂們在天空的位置所構成的配置會隨著歲月推移而變化，人世間也承受著星象變化所帶來的影響。雖然，每一時刻的過運行星在天空中的位置與狀態對地球上的每一個人而言都是相同的，但是，影響卻不同，就像常被討論的水星逆行現象，不是每個人都有相同的感受與影響。所以，個人占星的各種流年預測法都必須結合本命盤，運用行星過運法也是如此。

　　過運的行星除了可能將其自然徵象投射到一個人的本命盤外，也帶著祂在本命盤上的位置而產生的特別意義。如果命盤中的行星A受到過運行星B的影響，首先要了解過運行星B在占星學上的象徵意義，以及行星B在本命盤上的星座、宮位和主要相位。當然，命盤中的行星A所在的星座、宮位和相位所代表的意義也是解讀要點，常能指出哪一領域的事物將有變化。例如，本命土星在第六宮的人，當過運土星與本命的某行星或宮位產生連結時，除了土星在占星上的象徵意義外，也會以土星的性格給那一宮位或行星帶來第六宮的主題，包括日常工作、健康問題。而對於土星在本命盤上主管第三宮的人，當過運土星與本命的某行星或宮位形成相位時，該宮位或行星的流年變化也會連結到三宮的主題，通常是溝通或交通的問題。又如，2001年12月9日的過運水星走到了射手座20°，與阿諾在第十二宮、雙子座內的火星形成對分相。他的本命火星與六宮主星木星原就有十二分之五相位，第六宮或是十二分之五相位都指向了身體健康問題，此時由過運水星所引爆。水星除了觸發的角色外，自然徵象也與交通有關，祂又是阿諾的第十二宮主星，十二宮代表麻煩、束縛，以及醫

院。而在健康的論斷法則中，星座所對應的身體部位，雙子座也包括了肋骨部分。

除了上述的基本原則外，再舉出幾個行星過運法運用上的要點——

· 行星過運能暫時改變一個人命盤裡的能量模式，在原有的架構上附加節點。新進入的能量會隨著過運行星形成的相位消失而消失，本命盤的基本能量模式卻仍然保留著，但是，他的命運可能就此發生了變化。

· 運行較快的行星（日、月、水、金、火星），在過運中帶來的常是短暫的內在感受，幾天之內就會結束，但是，也可能扮演的是觸發的角色，會引爆本命盤中所存在的徵象，帶來事件。運行速度較慢的行星（土、天、海、冥王星），過運中會在同一位置較長的時間，當祂們對本命的行星或上升、天頂等敏感點產生效應時，影響深遠，當事人原有的生活常會就此改觀。

· 行星過運法的有效容許度一般從正相位的前2°開始，形成正相位時的力量最大。雖然有些案例會有「延遲」現象——在正相位之後才顯現效應，不過，一般還是入相位時的影響力比離相位大。而過運中常見行星在觸及特定的度數後，行進一段時間又再逆行，並且再次觸及相同度數。此逆行的過運行星的影響常會是更加明顯的。

· 要特別注意過運行星進入到一個新的星座或宮位的時機，尤其是土星、天王星、海王星或冥王星，祂們會在一個宮位或星座長達數年之久。這些行星更換星座也代表著社會、經濟、文化上的變遷，因此可能對人們的生活帶來影響。而在個人命盤上更換宮位，更直接帶來了該宮位所代表的生活領域的轉化。

‧除了本命盤外，對於次限推運盤中的推運行星或上升、天頂這
類敏感點所帶有的徵象，過運行星也可能帶來觸動效應。

太陽回歸法（Solar Return）

　　對於個人而言，太陽在每年的生日前後會回到出生時的相同黃道位置。占星師常會利用此一時間點的星象去判斷一個人未來一年的運勢和可能事件，此流年預測法稱為太陽回歸法。流年占星中，行星過運法的使用一般都是配合著其他的流年預測方法，並且必須結合本命盤，畢竟對於同一地區的人而言過運星盤都是相同的，但會因為不同的命盤而有不同的影響。太陽回歸盤則是一張比較特殊的過運星盤，常被單獨使用，以論斷個人在未來一年中的禍福休咎，如同以本命盤論斷一個人一生的禍福休咎。除了單獨使用太陽回歸盤外，其實大部分的占星師也會更進一步結合回歸盤與本命盤來做判斷，如同結合過運星盤與本命盤。太陽回歸盤的影響效力，有些占星師主張在太陽回歸前的三個月開始，持續到下一次回歸之後的三個月；也有些占星師主張在太陽回歸前的一個月開始，持續到下一次太陽回歸。

　　美國奧克拉荷馬城爆炸案發生的時間是在主謀麥克維的生日前四天，1995年4月19日，在這種情況下，麥克維該年的太陽回歸盤上特別能顯露出犯案的一些徵象。

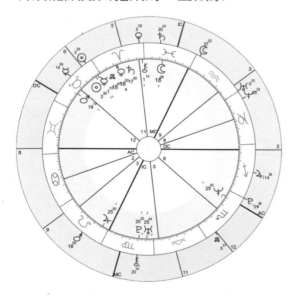

星圖三十七‧爆炸案主謀麥克維的本命盤+1995年太陽回歸盤（外圈）

命盤的上升星座象徵一個人對外的表現、給人的印象，太陽回歸圖的上升星座也是如此。麥克維這一年的上升點落在天蠍座，表現出來的常是意志堅定、陰沉與殘忍。同時，這一年的上升點落在命盤的第六宮，二十世紀中的一位知名占星師沃爾古恩（Volguine）說：如果太陽回歸盤的上升點落在本命盤的第六、七、十二宮，不幸就在眼前！如果此一宮位的主星在本命盤上的狀態不佳，甚至會帶來厄運！這一年麥克維的太陽回歸盤上升點不但落在命盤第六宮、天蠍座，上升的守護星火星在本命盤上落在十二宮、金牛座，入陷，而且本命火星對衝狂熱的海王星，並與象徵信念、放縱的木星形成T形相位圖形。太陽回歸圖上的第一宮內除了有一顆象徵大膽和冒險的木星，三合爆炸的獅子火星，此外，象徵毀滅的冥王星也正逆行接近上升點。這些徵象都會是這一年的重要表現！

　　而本命盤與回歸圖的比對中可以清楚看到，太陽回歸時的上升點緊密遇合本命盤上的海王星的位置。海王星在命盤中T形相位裡所扮演的角色會在這一年發揮作用，同時海王星所象徵的狂熱、犧牲也為他的這一年作出了注釋。而且太陽回歸圖的上升點與本命盤的上升點兩者的度數十分接近，僅1°之差，代表這一年將會實現本命盤裡的重要徵象。

　　如果對「星座」有興趣，從一個人的生日可以知道他的太陽星座，進而對他的個性能有粗略認識。如果對占星術有興趣，從一個人每年生日前後的星象也能大略看出他的流年休咎。更常見的情況是，人們常會用朋友的生日作為聚會狂歡的好理由。不過，關於生日有一個都市傳說：人們在生日前後發生好事或意外事件的機會比平日更大些！社會新聞中也的確常看到這樣的報導：「再過幾天就是他的生日，發生這樣的意外讓人遺憾！」「在慶生結束後，發生這樣的事，親朋好友都難以接受。」以占星觀點解讀，這是太陽回歸盤上的徵兆即時應驗，或者說，應期就在生日前後的這幾天。前文提到過的教

宗若望保祿二世被槍擊事件，發生在1981年5月13日，他的生日前五天。這一年的太陽回歸圖中，天頂落在本命盤的第七宮，火星和凱龍星緊靠天頂。沃爾古恩說：太陽回歸盤中最先穿過尖軸的行星，會將祂的個性和特徵印刻在這一年的主要發展上。因此，如果是凶星在尖軸上，這一年將特別危險！教宗中了兩槍，但子彈差了分毫，並未擊中要害，經六小時手術後才脫離險境。過運火星扮演槍手的角色，凱龍執行手術。

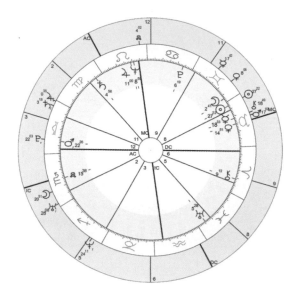

星圖三十八 教宗若望保祿二世+被槍擊的太陽回歸圖（外圈）

若望保祿二世在槍擊事件後，繼續執行教宗職務近二十四年，直到2005年去世。他的繼任者本篤十六世被選任教宗則是在自己的七十八歲生日後三天。本篤十六世那一年的太陽回歸圖上，行運的冥王星在出生時的天頂位置；回歸盤的下降點則緊密遇合命盤的冥王星，上升點則與冥王星對衝。顯然，這一年是冥王星主題的一年。冥王星最主要的象徵意義在於：權柄、掌控，轉化與重生。

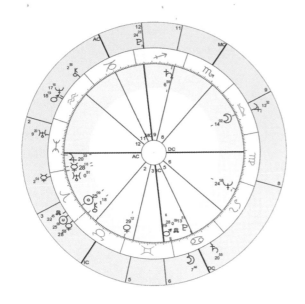

星圖三十九・本篤十六世
（Pope Benedict XVI）
＋獲選為教宗的太陽回歸圖
（外圈）

　　以太陽回歸法預測流年有一個常見問題：繪製太陽回歸盤的參考地點選擇。有些占星師認為應以出生地為準，也有些占星師認為應以太陽回歸時當事人所在地為參考地點。例如，阿諾・史瓦辛格在1968年從歐洲移居到美國，之後的生活和工作重心就完全轉往到美國。到了2001年12月，他在洛杉磯騎摩托車摔斷了肋骨。如果以洛杉磯為參考點繪製出阿諾的2001年太陽回歸圖，可以看到上升點落在水瓶座15°、本命盤的第八宮內——第八宮與傷害、手術有關。太陽回歸盤的上升點所落入的本命宮位所代表的主題和狀況常能指出當事人在這一年的表現或挑戰。同時，阿諾的回歸盤第一宮內顯眼的天王星也以祂的特質和象徵意義暗示了這一年發生意外傷害的可能性。

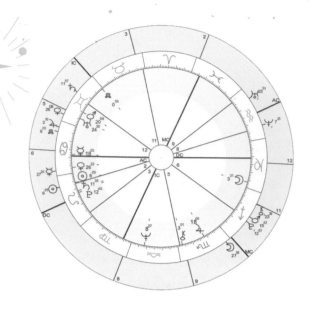

星圖四十・阿諾・史瓦辛格
以洛杉磯為參考點繪製的2001
年太陽回歸圖（外圈）

除上所述，以下再條列出太陽回歸法運用時的幾個要點——

・太陽回歸盤的上升星座與第一宮內的行星代表這一年的自我表
現特質。上升星座的守護星以及太陽所落入的回歸盤宮位，
常能指出這一年的生活重點。本篤十六世被選任教宗這一年
的太陽回歸盤，上升點落在代表責任和謹慎的魔羯座，開創
的土象星座；第一宮內火星緊密合相海王星，火星也是天
頂所在星座天蠍座的守護星，海王星則帶有犧牲與奉獻的意
味。這一年開始，他將致力於新的使命。

・在太陽回歸盤四個基本點左右的合軸星，代表這一年的突出
表現或將帶來的重大事件。如果是太陽回歸時的過運行星與
本命盤的四個基本點形成合相，也會帶來重大事件。例如，
本篤十六世就任教宗時的太陽回歸圖上行運冥王星合相命盤
的天頂。又如，阿諾在2001年以洛杉磯為參考點的太陽回
歸盤中，第六宮主星月亮趨近天頂位置，命盤中的月亮也落
六宮、入陷、四分海王星。回歸盤的上升點與本命盤上的土
星、冥王星對衝；天頂位置與本命盤上的南月亮交點緊密合

相。而在1968年時，阿諾移居美國那一年，象徵分離的天王的行運，太陽回歸盤上的天王星，也正在代表根源的出生的天底位置。

· 太陽回歸盤上的過運行星間是否形成2°以內的相位？或是回歸時的過運行星與本命行星形成了相位？尤其是形成大三角、三刑會衝，或上帝之指之類的相位圖形時更要特別注意！阿諾的2001年太陽回歸盤，代表交通狀況的三宮主星金星與本命天王星形成合相外，同時也和回歸盤第六宮的主星月亮形成了十二分之五相位。回歸時的木星、北月亮交點也與本命盤第六宮內的月亮形成對分相，命盤中的六宮月亮暗示精神或情緒帶來的身心傷害。

· 如同本命盤的解讀，太陽回歸盤上若有某一元素較為強勢，代表這一年的表現特質。太陽回歸時的上升點、天頂所在的本命宮位，常能指出這一年可能會有重大事件發生的領域。而回歸時若有三顆以上的過運行星出現在本命盤的某一宮位中，這一宮位所代表的領域和意義也會是這一年的焦點。

恆星年、回歸年與太陽回歸

恆星年（Sidereal year），太陽在天球上回到相對恆星而言的特定位置所需的時間。恆星年也是地球繞行太陽公轉的周期，一個恆星年約等於365日6小時9分鐘10秒。

回歸年（tropical year），從地球上觀察，太陽再次回到黃道上相同位置所需時間。在進動的作用下，春分點（回歸黃道上的白羊座0°）在黃道上緩緩退行，一個回歸年中地球繞行太陽公轉會略少於360°。因此，回歸年約等於365日5小時48分鐘46秒，比恆星年短了約20分鐘24秒。眾所周知，現代普遍使用的太陽曆平年為365天，比

回歸年少了5小時48分鐘；閏年為366天，比回歸年多了18小時12分鐘。

　　因此，在沒有跨越閏日的平年，次一年的太陽回歸時間會晚到約5小時48分鐘左右。在跨越閏日的年分，太陽回歸的時間則會比前一年早到18小時12分鐘左右。當然，這個早或晚的時間長度不會是確切無誤差的，畢竟格里曆只是在四年一閏、逢百不閏、四百的倍數又閏的調整中盡可能去符合回歸年之數。我們再以阿諾2001年到2006年的太陽回歸時間說明：

　　2001年在7月29日3：20（Univ. Time）

　　2002年在7月29日9：13（Univ. Time）

　　2003年在7月29日14：57（Univ. Time）

　　2004（閏）年的太陽回歸時間在7月28日20：47（Univ. Time）

　　2005年的太陽回歸時間在7月29日2：38（Univ. Time）

　　2006年的太陽回歸時間在7月29日8：11（Univ. Time）

地點置換盤

　　除了太陽回歸盤的參考地點可能會選擇在旅居地，有些占星師還認為，對於移民或長年旅居異地的人，必須以他的出生時間配上實際的生活起居地點來重新繪製命盤和推運星盤，此稱為「地點置換盤」（Relocation chart）。例如，阿諾在奧地利施蒂里亞州的1947年7月30日凌晨4:10出生，當時的世界協調時間（Univ. Time）為7月30日2:10，因此，他移居美國後的地點置換盤是移居城市或工作地點的1947年7月30日2:10（Univ. Time）星盤。如果以加州第一大城洛杉磯（世界影視中心好萊塢也在其中）作為置換盤參考地點，1947年7月29日下午18:10，也就是7月30日2:10（Univ. Time），洛杉磯的星盤就是阿諾本命盤的地點置換盤。

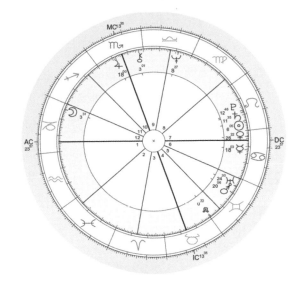

星圖四十一・阿諾・史瓦辛格
在洛杉磯的地點置換盤

　　比較地點置換盤與原本的命盤可以發現，行星的黃道位置不變，行星間的相位也相同。但是，上升點與天頂的位置不同——同一時間，兩地的天頂黃道位置相距的度數約等於地球經度相距的度數，上升點的黃道位置則需要將緯度代入函數中計算。也因此十二個後天宮位對應的星座不同，各宮主星也就不同，各行星所落在的宮位也會變換。阿諾出生時行星分布偏於一方，在原本命盤上偏於十二宮與平線以下的部分；在置換盤上則偏於地平線之上。這是因為兩盤的上升點與下降點星座互調。

　　阿諾的地點置換盤中，太陽和第一宮主星土星落在整宮制的第八宮，這十分符合他到美國之後在表演工作中表現出來的形象——他曾在電影《王者之劍》與續集《毀天滅地》中飾演為父母復仇的野人柯南，以及在《魔鬼終結者》系列電影中飾演「終結者」，還有許多他曾出演過的電影中的角色也是類似形象。再從行星過運的影響來看，前文提到2001年12月9日的交通意外事件，命盤十二宮中的火星是關鍵之一。雖然特定時刻的過運行星與命盤上的行星間的關係，或是與置換盤上的行星間的關係，都是一樣的。但是，置換盤中的火星

已經不在第十二宮內了，卻在第六宮內合相天王星。

除了太陽回歸被廣泛應用於流年占星外，其祂行星在黃道上也都周而復始，每隔一段時間就會回到特定位置，因此，占星學上也討論水星回歸、金星回歸、火星回歸的意義和影響。不過，水星、金星約一年走完黃道一周，火星約兩年走完黃道一周，對於大部分占星師而言，一到兩年間的流年預測還是比較常使用太陽回歸法。如果是較短周期，許多占星師也會以月亮回歸時的星盤推測個人的流月。月亮平均每隔27.32天會回到黃道上相同位置，當行運月亮回到個人的出生月亮黃道位置，此時的星象常能指出未來這一個月的心理狀態、內在的需求，或是情緒和精神上的變化。如果考慮較長的周期，土星回歸對於世事和個人的影響正被占星師們熱烈討論著。

土星大約二十九年走完黃道一周，回到原先出發的位置。大部分生活在現今社會的人們一生中會遇到兩次土星回歸，因此，約二十九年的土星回歸周期可以將人生分成三個階段。不同於過運的個人行星回到準確的出生位置的回歸推測法，土星回歸一般會在過運土星接近本命土星位置的前幾度開始產生效應。又由於土星每年會逆行一次，每次逆行歷時約四個半月，並且會退行約7°左右，因此過運的土星順、逆行間徘徊於本命土星位置可能長達一年之久。土星回歸法的應用一般不在於預測周期中將會發生什麼事件，更常討論的是人生的功課，或者是如許多占星師所說的：「土星回歸是要回來檢查你的作業完成得如何？」如果是本命土星刑剋命盤中的個人行星，他的命盤原本就透露出較大的壓力，必須辛苦面對命定的功課。也因此土星回歸時會經驗到更大的壓力、難過和艱苦，畢竟回歸土星此時除了合相本命土星外，也回到了刑剋本命盤中個人行星的位置。他必須做出調適以發展生命潛力！另一種狀況是，命盤中的土星與其祂行星間呈和諧狀態，那麼，在經歷過一個生命階段後，通常他能把土星的特質和現實的責任意識統合到自己人格中，回歸的土星會將生命導向更穩

固、明確。

　　美國前總統川普的命盤裡土星與金星合相（參考星圖四十三），這常會涉及到一個人的親密關係，可能源自童年生活被嚴苛要求、感到孤立，導致愛情及婚姻生活的挫敗。不過，命盤中的金土相位也可能讓一個人發展出深刻或是長久的關係。2004年川普與他的第三任妻子梅蘭妮亞訂婚，這一年的下半年正逢川普人生中的第二次土星回歸。到了2005年1月他倆舉行結婚時，逆行的土星再次觸碰川普的本命土星。在第二次土星回歸期間，川普完成了命盤中金土合相帶來的功課。川普的第三次婚姻一直持續著。

太陽弧向運法（Solar Arc Directions）

　　太陽弧向運法是以出生時侯太陽在黃道上一天所移動的弧度（在0°57'到1°1'範圍內）為基準，以一天象徵一歲，乘上歲數，同時也將命盤中的其祂行星以及上升點、天頂、月亮交點等移動相同的度數。例如，阿諾出生在7月30日，此時的太陽在黃道上一天移動58'。到了2001年12月，五十四歲四個月時，阿諾的太陽弧向運圖是將命盤上所有的星體以及上升點、天頂、月亮交點移動52.5°（58'*54.33）。這一年，阿諾的太陽弧向運圖與命盤比對，向運的火星遇合命盤的冥王星，此向運暗示：爭權奪勢的行動、殘暴的傾向，或是受傷、手術。那麼，占星師要如何判斷呢？首先，遵從占星學的黃金律——論斷流年之前必須先對本命盤有完整的認識。阿諾的命盤中，火星是十二宮的宮內星，十二宮與三宮的主星水星緊密合相上升點，這些徵象都指向發生交通意外事件的可能。然後，再配合其他的流年預測方法，如前述的太陽回歸星盤，看看有無重複出現的徵象，再推測事件發生可能的時間點。

　　物理學和天文學的概念告訴我們：地球在遠日點（北半球夏季）時，太陽在黃道上日移動約57'或58'；地球在近日點（北半球冬季）時，太陽在黃道上日移動約1°到1°1'。如果不使用占星軟體，而以此天文概念計算出所有的星體，以及上升點、天頂、月亮交點移動度數，所繪製的太陽弧向運圖誤差也不至於太大。不過，早期在運用太陽弧向運法時，不論出生季節，有以移動1°代表一歲的，也有以太陽在黃道上的平均移動59'8″／日（360°／365.24日）代表一歲的。雖然簡便，但是，以此預測當事人年紀漸長後所發生事件的歲數，將與實際事件發生的歲數間有較大誤差。幸而利用占星軟體，現今我們只要輸入出生時間與目標時間就可以輕鬆繪出，太陽在出生時實際一天所移動弧度的太陽弧向運圖。

除了上述的基本原則外，再條列幾個太陽弧向運法運用上的要點——

- ‧ 太陽弧向運圖中，所有本命盤上的占星因子都移動了和太陽相同的度數，而且與太陽的行進方向相同，只有順行，而不考慮逆行，包括月亮交點。因此，向運盤與本命盤在配置上完全相同，只是旋轉了一個角度。

- ‧ 比對向運盤與本命盤，觀察旋轉一個度數後的兩個配置相同星盤間的行星、上升點、天頂間有否形成相位，尤其是形成合相，常會是發生事件的時間點。比對所形成的相位容許度最多也就允許在幾分之間，因為1°的距離就等於一年之久。

- ‧ 太陽弧向運法中，向運盤與本命盤間若形成了幾近於正相位，事件發生的時間點可能會由行星過運或次限推運的行星所觸發。

- ‧ 奧內爾‧多塞在《預測占星學》一書中提到，應多關注太陽弧朝向太陽—月亮的中點，或是朝向土星與天、海、冥王星這些外行星的中點的推進。如果太陽弧向運推進時外行星與這些中點形成了合相，或其他相位，會強調當事人的重要生命階段。舉例來說，天王星—冥王星的中點帶來動盪、改變及轉化；土星—冥王星的中點帶來損失或是破壞後的重生；木星—冥王星的中點帶來收穫和權力。如果有任何的推進與這些中點形成了相位，可以依推進的行星本質來分析——例如，命盤上的土星—水星中點與抑鬱有關，如果推進的海王星觸及這個中點，而海王星又跟十二宮有關，當事人便可能因精神問題或抑鬱而需要接受治療、住進醫院。

行星中點

　　雖然太陽弧向運法和行星中點的理論並不是由占星學的漢堡學派首創，卻受其推崇，並進一步研究。現今有許多占星師，卽使不運用漢堡學派的其他技法，也會參考行星中點的相關理論以補足論斷與事件預測的能力。以下擷取台灣占星老師魯道夫先生在其著作《占星全書》中所條列的「行星中點」要點——

- · 任何行星或基本點、月亮交點位於命盤的行星間的中點，或行星與基本點、月亮交點的中點時，會產生激烈的共鳴，帶來巨大的影響力。除了行星間直接產生的中點外，與此中點每隔45°間隔又可以衍生出另外七個「間接中點」。間接中點的位置會和直接中點形成半四分相、四分相、八分之三相位，或是對分相。漢堡學派的占星師們，在應用中點理論時，常是包括直接中點和間接中點。

- · 舉例說明，要如何解釋金星落在太陽—月亮的中點？最簡單而直接的方法就是綜合太陽與金星、月亮與金星的合相的解釋。因爲這樣的角度激發了行星的影響力，這樣的共鳴相當激烈，卻又同時具有正面和負面的意義。

- · 推運或過運的各占星因子推進到中點位置時，會帶來觸發力量。此外，中點的效應也可能發生在合盤上，例如，當甲的金星位於乙的太陽—月亮中點時，甲對乙可能會有很強的吸引力；或者，當甲的金星位於自己的太陽與對方的月亮中點上時，也可以產生強大的影響。

- · 如果將所有與某一行星有關的中點列出，可以得到所謂的「中點樹」。例如，某人命盤上的土星位於金星－冥王星中點，同時也位於天王星－冥王星的中點，以及木星與天頂的中點，又是上升點與冥王星的中點，那麼，我們可以看到冥

王星在此人的土星中點樹中重複出現了三次，代表此人的土星，以及土星所守護的宮位，受到冥王星強烈的影響。

· 如果考慮所有行星間的中點、行星與基本點的中點，以及行星與月亮交點間的中點，星盤上將布滿密密麻麻的行星和中點，可能對於星盤的判讀徒增困擾。因此，可以先就太陽－月亮中點，以及太陽與個人行星的中點、上升點－天頂中點來進行解讀，或者從當事人所關心、諮詢的主題著手。

2003年，健美先生阿諾迎來人生的斜槓，在加州州長的補選中勝選，並於2003年11月17日上任。這個時候的太陽弧向運（同時也是次限推運的）太陽推進到天秤座的0.5°，正好是命盤中冥王星－木星的中點位置，除了上文提及的「木星－冥王星的中點位置帶來收穫和權力」，木星也是命盤五宮的宮內星，冥王星則是五宮的主星之一。第五宮除了與一個人的娛樂、戀愛、子女有關聯外，也與冒險活動有關，包括競選。

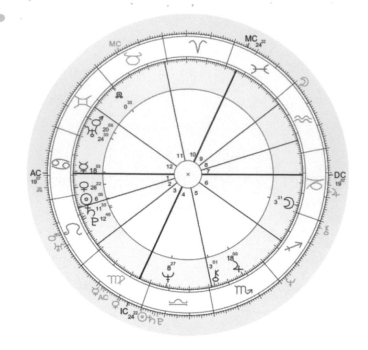

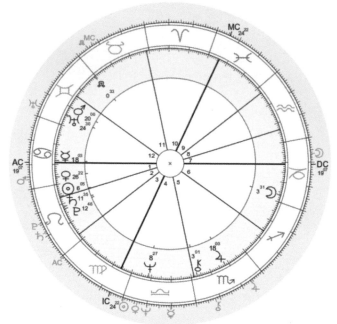

星圖四十二・阿諾·史瓦辛格就任州長的太陽弧向運圖（上圖外圈）、次限
推運圖（下圖外圈）

次限推運法（Secondary Progression）

　　次限推運法跟太陽弧向運法相同的點是，以太陽一天的行進代表一歲；不同的是，其祂行星和月亮交點在次限推運盤上的推進位置則是依照各自在黃道上當時的順、逆行方向與速度。因此，X歲的次限推運盤是由出生後X天的出生地點的行星、月亮交點等的位置所組成。次限推運盤的上升點和天頂則由兩歲之間內插法計算，當然在現今的許多占星軟體上，能夠輕易繪製出命盤上所輸入日期的次限推運盤。再以阿諾為例，2003年11月上任加州州長時他剛滿五十六歲又三個月，他的出生時間1947年7月30日2:10（Univ. Time）加上五十六天又六小時的星圖就是他當時的次限推運星圖。當時的次限推運盤天頂位於金牛座22°40'，這個位置十分接近命盤的上升點—天頂中點：在社會上施展抱負的象徵之處。要特別強調的一點是，「中點」的使用容許度較小，命盤上一般只考慮1°或2°。而向運或推運推進到中點，也是1°代表一年，甚至更久。所以，當涉及到上升點的中點或天頂的中點、向運或推運時，出生時間的準確性就很重要。

　　次限推運盤上的行星位置雖然是某個時間點的實際天體位置，但是，與行星過運法中的實時性行星位置不同，次限推運和太陽弧向運法都有著「天上一天；人間一年」的象徵意義，或著說是哲學觀念。也因此過運行星常被認知為外部帶來的影響力，而次限推運代表著當事人的心理變化；過運行星引發事件，次限推運反映出當時的處世和處事態度。除了推運的天頂趨近命盤的上升點—天頂中點外，阿諾的2003年次限推運水星也走到太陽—月亮的中點位置，月亮與照顧、群眾有關，此時的阿諾面對著群眾，積極進行交流，並因此獲取成就，實現自我。

　　再列舉出幾個次限推運法運用上的觀念與要點——

　　‧上文所提及的太陽弧向運法可以看作是將本命盤旋轉了一個特

定角度，代表隨著時間推移帶來外在事件。而次限推運法象徵的是生命發展中的內心轉化，因此推運所代表的意義可能無法立即被察覺到。雖然太陽弧向運法常被認為比次限推運法更能指出明確的事件，不過，情緒和態度上的轉變也可能改變一個人對外界情況的觀點而帶來事件，神祕的說法是，一個人所面對的外在世界就是他的業力以及內在情境的投射。

・當次限推運行星從一個星座轉換到下一個星座時，後者的星座特質，或元素、四正性質此時將被強調。當推運行星進入到新的宮位時，行星的能量將流入新的人生領域。

・當次限推運的行星轉而逆行時，可能導致能量受阻，無法良好的發揮；也導致能量轉向內流動，因而當事人的自省能力提高。推運行星停滯、逆行，或再轉向順行的時間，以及祂們所主管的宮位，在人生的某一時刻變得非常重要。

・次限推運形成相位的容許度應限縮在1°之內，影響時間因行星的運行速度而有所不同。例如，太陽每年推進大約1°，會在形成正相位之前一年開始作用，並在正相位之後的一年才完全離開。而次限推運的月亮移動速度遠比其祂行星快得多，常會扮演觸發的角色，將命盤中原有的徵象實現出來。

・次限推運常能體現出當事人的心理發展，尤其是月亮的推運，月亮推進的星座和宮位代表當時的內在需求和表現的生活態度。而推運的月亮每年約前進12°或13°，如果將月亮每年的推運移動度數除以十二，可以計算出平均一個月的移動度數，也就是每個月的推運月亮所在位置，進而能預測流月。

・次限推運法常需要過運行星來觸發，所以，除了推運盤與本命盤的比對外，還需要加入過運星盤或參照星曆表，才能較完整評斷。

· 在沒有遇到逆行的情況下，次限推運的水星和金星每年約前進1°，火星約兩年1°，木星則是六到七年才移動1°，土、天、海、冥王星的位置變動並不明顯，較少被考慮。即使是四十歲的中年人，次限推運的土星最多也不過移動了4°到5°，除非祂原本就已經在本命盤中形成容許度內的相位，因推運而形成正相位，否則次限推運的土星很難對本命盤上原有配置帶來影響。另一種情況，推運土星有可能在某個時間進入到下一個宮位。此外，也有些占星師認為，只有太陽跟月亮在次限推運中的移動，與本命盤上的占星因子形成相位，才比較有意義、能產生效應，其祂行星在次限推運中不帶有太大的意義。

以美國第四十五任總統川普爲例，曾經他以房地產發跡，再逐漸擴張他的商業版圖。敢於冒險的他也曾幾度破產，負債累累。在2008年的全球金融海嘯（次貸危機）中，川普的公司股價跌到僅剩1%，存在高額負債，瀕臨倒閉邊緣。2008年7月開始，除了天頂的太陽弧向運走到命盤土星的位置外，川普的太陽弧向運土星也正進入代表財務狀況的命盤第二宮；同時，次限推運的土星從十一宮進入十二宮；過運土星則在他的第一宮行進。當流年土星進入第十二宮，舊有的將被消融、袪除；流年土星在第一宮象徵壓力降臨，將著手創造新的架構。土星的自然徵象，流年（推運、過運）土星轉換宮位的意義，在在都說明了此時川普的處境。

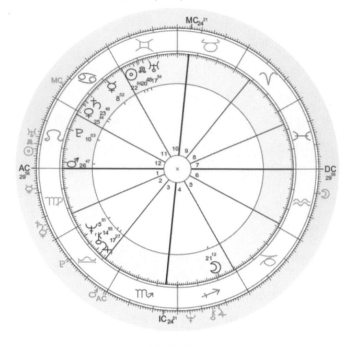

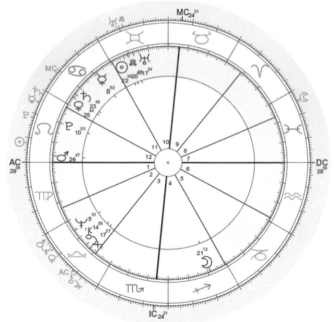

星圖四十三・2008年全球金融海嘯時唐納・川普（Donald John Trump）的太陽弧向運圖（上圖外圈）、次限推運圖（下圖外圈）

另一重要事件是，川普在2020年底的總統選舉中失利後，鼓吹「拯救美國」行動。2021年1月還發生了川普支持者衝撞國會事件。此時川普的次限推運土星緊密貼合次限推運的天頂，又與過運的木星和土星對衝。他在社會大眾面前的頑固表現，隨後被指控煽動，而受到第二次彈劾，成爲美國史上唯一一位受到兩次提案彈劾的總統。雖然最終結果並未跨過參議院三分之二的定罪門檻。

　　西洋占星術中的流年預測法，常以一個較小時間單位的星象變化來推測較長時間單位後的人生經驗或心境轉換。除了以一天代表一歲，也有以一天象徵一個月的，不一而足。占星學子可以依個人的喜好和使用效果選擇幾種自己所習慣的技法，勤加練習和應用。

　　流年占星所依據的行星運動，有以行星在黃道上的移動爲基礎的，如：次限推運法；也有以主限運動（周日運動）爲基礎的，如：主限向運法。奧內爾・多塞在他的《預測占星學》一書中介紹了多種流年預測技法，其中也簡單介紹了主限向運法。雖然，主限向運法可能會運用到諸如三角函數的數學計算，但也不至於繁複到令人難以親近，反倒是其中需要使用的資料，如：行星的赤經、赤緯、黃道緯度……等等，並不是所有占星軟體都有提供，這對於一些業餘占星學子可能造成主限向運法使用上的隔閡。不過，即使比較麻煩，如果此一技法的效果極佳，甚至無法取代，相信也必然能夠吸引學習者用心鑽研。那麼，主限向運法是否眞能鐵口直斷，而且沒有其他預測方法可以取代呢？就以奧內爾・多塞在《預測占星學》書中所舉的自己的案例來說吧！他的命盤中，落在白羊座的下降點與出生時火星的位置在黃道上距離20°37'，經過一番計算後，得出兩者的向運弧度26°30'。再依據托勒密所主張的主限向運在時間上的對應值，可得26年又6個月這一時間值。傳統上認爲，出生時的下降點與第七宮主星相合的流年會是結婚的可能時間點，也就是說，以主限向運法做預測，1966年2月12日出生的奧內爾・多塞經過26年6個月的時間，會

在1992年的8月分結婚。奧內爾·多塞說，他是在1992年5月7日結婚的，比主限向運法預測的時間早了三個月。他又接著說：占星預測不能期望時間點絕對無誤差，有幾個月的差別也是正常的。

如果不是用主限向運法而是用次限推運法呢？1992年6月底，奧內爾·多塞的推運火星正好緊密合相出生的下降點。

當然，僅從單一案例就論定孰優孰劣，過於魯莽。還是要再次強調，占星師在做預測時，常會同時參照幾種占星預測的技法。如果所得出的徵象都暗示了某種可能，占星師才能夠比較肯定將會發生哪一類事件。

上文所提到的行星過運、太陽回歸、太陽弧向運、次限推運等幾種流年占星技法，還有沒有提及的月亮回歸法、三次推運……等等，都能夠輕易以占星軟體繪製出星盤，僅需要輸入出生時間、地點和特定的目標時間。但是，並不是所有的事情都那麼理所當然。想像一下，在沒有發展出現今的計算機技術之前，占星師們要使用這些流年預測方法的準備工作——最基本、最重要的是，準確計算出過運或推運的行星、上升點、天頂的位置。多麼繁瑣而又無趣的工作！那麼，有沒有不需要太多數學計算工作，而能給出整體運勢吉凶判斷的流年論斷方法。小限法和法達星限法是現今仍被廣泛應用的代表。

小限法（Profection）

　　小限法的基本觀念是，命盤的第一宮代表0歲開始，每滿一周歲就推進一個星座，從整宮制來看也就是推進到下一個宮位。每次推進到達的宮位所代表的主題將會是該年的焦點；這個星座的守護星被稱爲「年主星」。我們可以從年主星的自然徵象、在命盤上的狀態，以及所推進到達的星座中有無吉星、凶星，判斷該年的運勢。在後來的發展中，除了上升點每年的推進外，其他的占星因子也在小限法中推進。例如：用推進的上升解讀該年生命力、精神活動；推進的太陽與該年的聲譽，或父親有關；月亮則和該年的疾病、傷害有關；金星與配偶、社交關係有關；天頂與職業有關；天底與死亡或隱密的事情有關……等等。當某一因子的小限推進到達吉星所在的星座時，或是推進到吉星所守護的星座時，這可能是幸運的一年。當然，還得看該吉星的狀態，以及推進到達的星座內有否其祂凶星！而某一因子的小限推進到達凶星所在的星座時，或是推進到凶星所守護的星座時，這可能會是不幸的一年。如果此凶星的狀態又差，該年的情勢將十分嚴峻！

　　上文提到美國前總統川普的事業在2008年面對全球金融海嘯（次貸危機）的衝擊。事實上，次貸危機從2007年中已經開始從房地產市場蔓延到信貸市場，進而演變爲全球性金融危機。此時川普已滿六十一歲，以小限法看，上升推進到代表財務狀況的第二宮，年主星金星合相土星。二宮內雖然有吉星木星，卻是逆行，又與土星呈四分相，與太陽呈三分相，吉凶參半的狀態吧！到了2008年下半年後，川普已滿六十二歲，上升推進到天蠍座的第三宮，年主星火星傳統上被視爲凶星，又落在命盤十二宮，也是第三宮的第十宮！也就是說，六十二到六十三歲這一年的年主星落在小限盤的第十宮（事業、聲譽）！十二年後的2020年，川普敗選時，小限盤又回到2008年的

相同狀態。2020年中之後，滿七十四歲的川普次限推運土星緊密貼合次限推運的天頂外，命盤上落在金牛座的天頂的小限推進也到了巨蟹座，巨蟹座內的凶星土星入陷外，巨蟹座的守護星月亮合相南月亮交點、對分太陽。此時川普的聲名翻轉，不被群眾所支持。

使用小限法預測流年時的幾個重要觀念——

· 使用小限法時，一般都是配合整宮制宮位，而且整個星盤依照新的小限上升而轉動。例如，小限上升推進到命盤的的第二宮那年，可以將命盤的第二宮視為該年的第一宮，命盤的第十一宮就會成為該年的第十宮；上升推進到命盤的的第三宮那年，可以將命盤的第三宮視為該年的第一宮，命盤的第十二宮就會成為該年的第十宮。

· 所有占星因子在小限法中的推進都是十二年一循環，每隔十二年會出現完全相同的小限盤。但是，我們不見得每隔十二年就一定會重複發生相同的事件，或迎來相同的運勢（雖然木星也是十二年一循環）。所以，使用小限法都會配合著其他流年占星技法。

· 除了年度的小限外，也有月小限、日小限的應用。例如，川普2020年6月14日後的年小限上升推進到天蠍座的第三宮，那麼，6月14日之後的一個月內月小限上升也就在天蠍座，6月14日後的第二個月的月小限上升則推進到射手座，再下一個月就進到摩羯座……，以此類推。有些占星師認為，當月小限上升推進到年主星所落在的星座或所守護的星座時，那個月發生重大事件的可能性就大。

中國的政餘之術也使用小限法論流年，早期許多介紹政餘的書籍上這麼說：「小限是以出生年支加在命宮，逆數至流年太歲宮。」也就是以命宮始，將出生年支、流年太歲支順、逆推移，所到之宮為

小限。再從小限宮起生月，按月逆尋，是爲月限。其實，這與上文中的西洋古典占星小限取法無異，都是以命宮爲一歲小限開始（中國習慣使用「虛歲」），再依財帛宮、兄弟宮、田宅宮……順序逐年推移！除小限的宮位推移外，中國的七政四餘論命，實在有太多觀念、技法與印度占星學和西洋的古典占星學近似。也因此，許多學者的研究認爲，印度占星學隨佛經東傳中土後，再結合中國的陰陽五行學說，摻雜了中國的的二十八宿和神煞觀念，才逐漸形成七政四餘論命術。

法達星限法（Firdaria）

　　法達星限法是屬於時間主星系統的流年預測法，將人生分成幾大「主運」時段，每一主運由一顆行星所主導，此行星稱爲主運主星；再將每一主運時段均分成七小段「次運」，每一次運也由一顆行星主導，此行星稱爲次運主星。如同許多古典占星技法強調晝生跟夜生的區別，法達星限法中從0歲起的主運主星排序，日間盤和夜間盤也有所不同。出生時太陽在第七宮到第十二宮的日間盤是從太陽開始，再依金星、水星、月亮、土星、木星、火星的次序排列主運主星，火星之後還有北月亮交點主導的3年主運，再接著的是南月亮交點主導的2年主運；而出生時太陽在第一宮到第六宮的夜間盤則從月亮開始，再依土星、木星、火星、太陽、金星、水星的次序排列主運主星，水星之後是北月亮交點主導的3年，以及南月亮交點主導的2年。也有些占星家在夜間盤的次序上，將北月亮交點和南月亮交點主導的主運安排在火星之後、太陽之前。不論日間盤或夜間盤，主運主星的排序也是與「迦勒底秩序」關連。

　　法達星限法中每個主運主星所主導的年限不同，太陽爲10年；金星8年；水星13年；月亮9年；土星11年；木星12年；火星7年。再加上北月亮交點的3年和南月亮交點的2年，一個循環周期是七十五年。也就是說，滿七十五歲後，日間盤再次從太陽主運排起，夜間盤再次從月亮主運排起。而每個主運期間平均劃分出七個次運，並以該主運主星爲期間第一個次運的主星，再依迦勒底秩序的順序安排第二到第七個次運主星。例如：土星主導的11年主運期間，每一個次運約爲18個月又26天，次運主星依次爲土星、木星、火星、太陽、金星、水星、月亮。但是，北月亮交點的3年主運和南月亮交點的2年主運不再劃分次運。

　　雖然使用法達星限法只需要個人的命盤，而不會再另外製作一

張流年盤。但是，如果想要綜觀較長時間的運勢變化和各階段主題，可以將各主運主星、次運主星所主導的時間列表，以便觀察。以下試舉川普的法達限運列表——

1主運－次運	起始年月	2主運－次運	起始年月	3主運－次運	起始年月
太陽－太陽	1946年6月	金星－金星	1956年6月	水星－水星	1964年6月
太陽－金星	1947年11月	金星－水星	1957年8月	水星－月亮	1966年4月
太陽－水星	1949年4月	金星－月亮	1958年9月	水星－土星	1968年3月
太陽－月亮	1950年9月	金星－土星	1959年11月	水星－木星	1970年1月
太陽－土星	1952年3月	金星－木星	1961年1月	水星－火星	1971年11月
太陽－木星	1953年8月	金星－火星	1962年3月	水星－太陽	1973年9月
太陽－火星	1955年1月	金星－太陽	1963年4月	水星－金星	1975年8月
1946/6/14～1956/6/13 =10年		1956/6/14～1964/6/13 =8年		1964/6/14～1977/6/13 =13年	

4主運－次運	起始年月	5主運－次運	起始年月	6主運－次運	起始年月
月亮－月亮	1977年6月	土星－土星	1986年6月	木星－木星	1997年6月
月亮－土星	1978年9月	土星－木星	1988年1月	木星－火星	1999年3月
月亮－木星	1980年1月	土星－火星	1989年8月	木星－太陽	2000年11月
月亮－火星	1981年4月	土星－太陽	1991年3月	木星－金星	2002年8月
月亮－太陽	1982年8月	土星－金星	1992年9月	木星－水星	2004年4月
月亮－金星	1983年11月	土星－水星	1994年4月	木星－月亮	2006年1月
月亮－水星	1985年3月	土星－月亮	1995年11月	木星－土星	2007年9月
1977/6/14～1986/6/13 =9年		1986/6/14～1997/6/13 =11年		1997/6/14～2009/6/13 =12年	

7主運－次運	起始年月		主運－次運	起始年月
火星－火星	2009年6月	2016/6/14～2019/6/13 =3年	太陽－太陽	2021年6月
火星－太陽	2010年6月	運勢主星：北月亮交點	太陽－金星	
火星－金星	2011年6月		太陽－水星	
火星－水星	2012年6月	2019/6/14～2021/6/13 =2年	太陽－月亮	
火星－月亮	2013年6月	運勢主星：南月亮交點	太陽－土星	
火星－土星	2014年6月		太陽－木星	
火星－木星	2015年6月		太陽－火星	
2009/6/14～2016/6/13 =7年				

如果流年預測的目標時間剛好落在次運的起迄月分，再精確計算到某一日期！

　　從上表可以知道，2008年發生全球金融海嘯時，美國前總統川普的法達限運正走木星－土星運。（命盤參考星圖四十三）主運主星的木星落在命盤二宮內，與十一宮內的入陷土星呈四分相。第二宮代表他的財務狀況，十一宮則是公司的業務或收益狀況，這一時期他的財務狀況必然深受公司的艱難處境所牽連。除此之外，在2004年底，川普所擁有的川普酒店及賭場飯店也曾宣布破產重建計畫。川普被迫交出CEO職位，但仍保留董事會主席的位置。這個時候川普的法達限運正在木星－水星運。跟2008年的次運主星土星一樣，2004年底的次運主星水星也是落在巨蟹座、命盤十一宮，四分主運主星木星。

　　以下再條列運用法達限運法的幾個要點——

・法達限運的主運和次運主星所在的宮位或主管的宮位，代表此一期間的生活焦點。如上所述的川普：第二宮和第十一宮所代表的公司和個人財務狀況會是2008年亟需解決的問題。再配合前文所提及的川普在2008年的太陽弧向運、次限推運、行星過運，可以更清楚看到川普在此一時期的處境。而且這幾個流年占星技法都指向了土星帶來的影響！

・檢查主運和次運主星在命盤中的狀態，包括行星的吉凶性、尊貴力量、相位，以及所在的宮位或主管的宮位等。如果主星是吉星、有力、落在吉宮、不受刑衝，此一期間的運勢較佳；如果主星是凶星（火星、土星）、無力、落在凶宮（第三、六、八、十二宮）、受刑衝，則此一期間的運勢較差。又由於水星屬於中性行星，如果主星是水星的話，則視所遇行星來定水星的吉凶。

· 本命盤的徵象在何時應驗？可以檢查與徵象相關的行星或宮位所對應的法達限運。例如：川普命盤中代表冒險、投機的第五宮主星土星合相天頂的定位星（所在星座的守護星）金星，又四分第二宮內的木星。這符合他的事業跌宕起伏狀況。當他的法達限運在木星—土星運時，事業也落到了谷底。又如：川普命盤中的太陽合相北月亮交點落在第十宮，這是博得名望、獲取注目的徵象之一。那麼，最可能的應驗時間在什麼時候？當與聲望有關的第十宮主星或十宮內的行星、太陽、天頂的廟旺主星等徵象星成為法達限運的主運或次運主星時，可能就是博得聲望的時機點。川普在2016年底當選美國總統時，法達限運正在北月亮交點主運期間。北月亮交點在第十宮內和太陽、天王星合相。

時間主星

　　西洋占星術中的流年占星技法其實非常多，占星師進行流年預測時不會將所有方法都用上一遍，占星學子也不可能一時之間就學會所有流年論斷方法。比較可行的是，學習其中的幾種，並在練習中熟悉，然後從中選擇自己在運用上能得心應手的技法更深入研究。話雖如此，流年預測很難百分之百準確，即使在占星師累積相當經驗後能夠逐漸提升。常被討論的狀況之一：應用行星過運法時，某過運行星確實觸及了命盤上的個人行星，當事人卻沒有發生任何事件。除了前文所述：過運法更常做為應期的指示，必須配合更多技法以確認有否特定徵象重複出現；有些前輩也會強調，特定時期的時間主星的行運比起其祂行星更為重要。「時間主星」是指主管人生某一時段的行星，例如，法達星限法中的限運主星、小限法中的年主星。

　　除了美國前總統川普在金融海嘯期間的法達木—土限運與時間

主星土星的過運放大效應，另舉一例——阿諾・史瓦辛格在2006年1月車禍時，滿58歲，小限上升走到金牛座、年主星金星。當時的行運冥王星與他命盤一宮裡的金星形成十二分之五相位外，逆行的行運金星也正好對衝他出生時的金星。命盤裡的金星在身體部位上代表嘴唇，行運的金星則象徵醫護人員。

在「第三章」裡，談論後天十二宮位時曾提及，古典占星學的觀點是以第一宮代表「我」，其餘宮位則關連到我的環境；現代占星的觀點則認為，整個命盤都代表著「我」——第三宮是我的思考和溝通方式、第五宮是我的喜好和興趣、第六宮是我的工作態度……。於是，當過運行星觸及命盤上的占星因子時，兩者的判斷也許就會不同。例如，命盤第十一宮內的行星被行運火星觸及時，古典占星派的占星師可能會論斷為，當事人的朋友圈裡某人發生了事件；現代心理占星學派的占星師則可能論斷為，此時當事人會為突破自我而努力奮鬥。當然，這還得配合整張命盤的配置來做判斷，包括火星在命盤裡所守護的宮位和相位。也有待占星師累積足夠豐富的經驗。

第六章 命理、天理

蓋天道甚遠，非人所能盡測。言命者，但當得其大要而止。苟多出奇思曲意揣度，以冀無所不合，反至於窒塞而不可通矣。

——《四庫全書·星命總括·提要》

觀察星辰而能預言成真，並非出於真才實學，而是出於偶然；如果預言錯誤，也非才疏學淺，不過是被偶然所玩弄罷了。

——聖奧古斯丁《懺悔錄·第七卷》

其實，上面這段摘錄自《懺悔錄》的引言之前，聖奧古斯丁先說了一個故事：「斐爾米努斯的父親和他的一位朋友都熱衷於占星學。就在斐爾米努斯的母親懷他時，父親的這位朋友家中也有一女奴懷孕。兩家事先約定，孩子出生時將派人互相報告孩子生下來的時間。後來，這兩位孕婦同時分娩了，兩家派去報告出生消息的人竟在中途相遇。所以，這兩個小孩的出生時間、天上星象並無不同。不過，斐爾米努斯生於顯貴之家，一生順利，長大後也出任要職；反觀那個女奴的小孩，始終都沒有擺脫奴隸的命運，仍是卑微的伺候著主人們！這是認識這個奴隸的人親口所說的。」

有趣的事情發生了，在這位天主教神學家聖奧古斯丁之後的一千四百多年，中國晚清的外交官薛福成在《庸盦筆記·卷之三》中也說了一個跟左宗棠出生時辰有關的故事：「節相恪靖侯左公，有中表弟曰吳偉才，與侯相同以嘉慶十七年十月初七日寅時生。所居相距九里許，兩家報喜者相遇於適中之地。其八字則壬申辛亥丙午庚寅也，少有奇童之目，與侯相同。道光壬辰，侯相與兄景橋中書宗植同舉於鄉，而偉才改業屠豕。侯相督閩浙時，偉才嘗一至閩。侯相勳業爛然，殺賊以千萬計，而偉才祿命中之殺刃，僅用之於屠豕。……侯

相在涇州軍次，與王孝鳳家壁言之。」說的是：恪靖侯左宗棠和表弟吳偉才兩人同年同月同日同時出生，兩家相距僅九里路。兩個小孩出生時，連襟間各自派人向對方報喜，前往報喜的兩家人剛好在半路上相遇。小時候，表兄弟間沒有太大差別。長大後，左宗棠督軍、平亂，表弟卻以殺豬為業。

不過，和聖奧古斯丁對命理之說嗤之以鼻的態度不同，「祿命中之殺刃」一說，可見薛福成還是相信出生時間決定了一個人的稟賦，只是每個人運用其天賦的方式和方向不同罷了！

人活世上，總是面臨著不可知的前程，而趨吉避凶乃是人之本性，於是，尋求占卜、命理之術解惑，乃至堪輿、遁甲之術改命，歷千年而不歇。相對的，反證命理學有效性的論據也層出不窮，如同上文聖奧古斯丁所轉述的故事就是。還有更多關於雙胞胎、三胞胎擁有不同人生經驗，甚至個性迥異的新聞被報導過，也被用以說明即使是同一地區且同一時間出生的人也不見得命運就會完全相同！

雙胞胎

對於出生時間相差十幾、二十分鐘的雙胞胎，命盤配置相同卻個性迥異、經歷不同，該如何看待？其實，古今中外的命理學家們有過各種應對，其中之一是：如果上升點落在不同星座，命宮不同，則以各自的命盤論命。如果上升點落在相同星座，其中之一就以第一宮為命宮，定命盤；另一位則以第三宮為命宮，再以轉宮法重定命盤。還有一個思考方向是，現實中雙胞胎彼此面對時彷彿在照鏡子，因此，上升點落在相同星座的雙胞胎，是否其中之一以第七宮為命宮！我們以前文曾提及的那對雙胞胎為例做一簡單的轉宮說明——這對龍鳳胎的出生時間相差了75分鐘，但是，上升點都落在巨蟹座。而且行星分布上，也都是全部行星落在地平線之下。如果以姊姊的命宮在

巨蟹座，而弟弟的命宮改定在姊姊的第三宮、處女座。那麼，姊姊的命主星月亮與入弱的木星呈四分相，弟弟的第一宮主星水星則與木星呈三分相。第二種觀點是，將弟弟的命宮改定在姊姊的第七宮、摩羯座——首先，弟弟的盤中行星分布上會變成全部行星都在地平線之上；其次，命主星土星落在十一宮內，分別與水星、木星形成六分相。因為網站中的貼文除了姊姊出家，弟弟留在學校學習，沒有更多資訊。並不清楚姊弟個性上是否有較大的差別？或是有無其他特別的人生經驗？在此僅是舉出轉宮定盤後可以看到的差異，至於要以哪一種方式來定出論命用的星盤才更符合當事人的實際狀況，需要更多資料佐證。或許，雙胞胎同在母親的子宮中成熟，再一起來到這個世界，其中蘊藏著我們不得而知的複雜意涵。因此，也有可能不同的多胞胎案例在命理上要有不同的應對方式。

再從流年行運來看姊弟同一時間面對的不同情境——因為這對雙胞胎姊弟的出生時間相差75分鐘，上升點相差近16°、天頂相差約20°。2005年生日後不久姊姊出家，以2005年姊姊的太陽回歸圖來看，土星緊密貼合上升點，土星除了帶來壓抑、退縮的傾向外，命盤中的土星也是第八宮的主星，第八宮帶有轉化與重生的意味。這時候的姊姊選擇揮別過去，迎來新的生命。（土星也被視為業力之星，家族占星的觀點則認為第八宮藏有家族歷史的祕密！）而弟弟在2005年太陽回歸時，行運的南月亮交點和木星剛好位於他出生時的天底位置，敏感的天底位置被碰觸暗示了他的家庭這一年將發生的事件。如果以姊姊的下降點看作是弟弟的第一宮，木星也就成了弟弟的第三宮與第十二宮主星，第十二宮除了悲傷、孤獨，也被視為出生前在母親子宮內的感受。南月亮交點則與釋放、清除、犧牲相連結，指出擺脫過去（業力）的途徑。

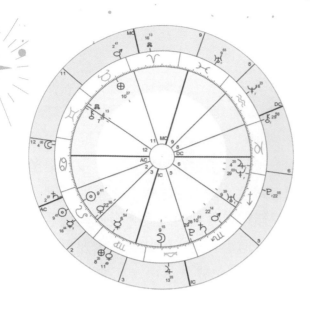

星圖四十四・雙胞胎中的姊姊＋出家時的太陽回歸圖（外圈）

　　郎使是命定論者也無法否定人是擁有意志的，那怕是一無所有，他仍能保有選擇的自由。最重要且最基本的選擇是：要以什麼態度去面對眼前的情境，乃至命運。於是，神祕學研究者認為，雙胞胎活出不一樣的人生，我們毋須強作解人。因為雙胞胎在出生後也是各自擁有著不同靈魂的兩個獨立個體，在人生的重要關口，他們可能做出不同的抉擇而有不同的人生經驗。這種說法未必是敷衍或空泛的，關於雙子座的希臘神話就是如此提示——風流成性的萬神之王宙斯為了引誘斯巴達的王后麗姐，化身成正被老鷹追擊的純白色天鵝，為了尋求保護祂撲向麗姐懷中。不久之後，麗姐竟生下了兩顆金蛋。其中一顆金蛋裡的是斯巴達國王的兒女，卡斯特和克蒂妮思翠；另一顆金蛋裡的則是宙斯的血脈，波呂克斯和海倫。雖然神之子波呂克斯有不死之身，卡斯特卻沒有，終於，在一次戰鬥中卡斯特戰死了。深愛著兄弟的波呂克斯不忍卡斯特之死，請求宙斯將自己的生命分出一半給卡斯特。受到感動的宙斯最後決定將兩人變成星辰，安排在天空的同一位置，永不分離。祂們在天上彷彿就是一對並肩而立的兄弟，也就是人們所看到的雙子座。

甘迺迪家族

雙胞胎在同一時間段、同一子宮中被孕育，因而常被懷疑他們彼此之間是否存在著心電感應？這一類問題大可以用各種科學方法驗證。而從占星學或某一些神祕學的觀點來看，不只雙胞胎，同一家族的成員間也總是存在著神祕的連繫，彼此的命運相互糾纏著，只是程度不一。除了俗話常說的：「不是一家人，不進一家門。」在此，再引用一段東漢思想家王充《論衡‧感虛》中的一段文字——《傳書》言：「曾子之孝，與母同氣。曾子出薪於野，有客至而欲去。曾母曰：『願留，參方到。』即以右手搤其左臂。曾子左臂立痛，即馳至，問母：『臂何故痛？』母曰：『今者客來欲去，吾搤臂以呼汝耳。』蓋以至孝與父母同氣，體有疾病，精神輒感。」說的是，曾參出門砍柴，客人來訪，訪客不見曾參就想走了。曾媽媽忙留住訪客，又為了讓兒子能夠早些回家接待客人，掐自己的左臂。曾參突然感到左臂疼痛，知道母親有事，就馬上回家一探究竟。

雖然這個傳說故事從原始到後來有過多個版本的演變，例如二十四孝之一的「齧指痛心」就是。而多數的主旨是在頌揚曾參事母至孝，因此母子間能夠骨肉連心。不同的是，王充對於這類故事，或是其他一些天人感應之說很不以為然，故而作《論衡》一書，就是為了反擊東漢時期盛行的讖緯之風。所以，在上面這段關於曾參的故事之後，王充接著說：「此虛也」接著還提出反證說：如果曾母臂痛，曾子也會臂痛；曾母生病了，曾子就一定會生病嗎？那曾母死了，曾子也就會死囉！完全否定此一傳說的真實性以及「精氣相動」的可能性！王充的反證也許稍嫌偏頗和片面，不過，精氣相動的確也是無形無相，還不如出生時的星象、命盤，較容易做出比對。

現代西洋占星術的發展除了天文學的基礎和玄學範疇外，也常見結合心理學理論來作解釋，並汲取社會科學多個領域的研究成果，

因而出現了占星學的多個分支，「家族占星」就是其一。布萊恩·克拉克在他關於家族占星的討論中說，發展心理學一再強調父母和家庭對個人成長的影響，若以占星學的觀點來看，其實此印記早已在一個人誕生的時刻印在生命之中，而顯露在命盤的象徵裡。「占星學的觀點認為，父母的形象、家庭的遺產與情結，天生便存在於我們的星盤中。」我們也的確能夠在家庭成員的星盤比對中發現，重複出現某些行星相位或黃道度數，或者他們的命盤中某一特定宮位會被特別強調，又或是某些重要的占星因子落在相關的星座中。

甘迺迪家族曾在美國政壇有著重要影響力，即使今天仍有多位家族成員活躍於政商舞臺上。與此同時，甘迺迪家族的多起悲劇事件也廣為大眾議論，甚至被稱作「甘迺迪詛咒」。這些悲劇事件多集中在老約瑟夫·甘迺迪的子女和孫子輩的身上，其中包括長女羅斯瑪麗·甘迺迪因為前腦葉白質切除手術失敗以致智力降至嬰兒水準；長子小約瑟夫·甘迺迪在二戰中因戰機不明原因爆炸而殉職；次子約翰·甘迺迪和第七個孩子羅伯特·甘迺迪先後遇刺身亡；女兒凱瑟琳·卡文迪許、孫子小約翰·費茲傑拉德·甘迺迪也都因飛機失事身亡，還有最小的兒子愛德華·甘迺迪也曾遇空難而重傷。除了以上所列，還有更多奇奇怪怪的意外事件，有興趣的讀者者可以輕易搜尋到。當然，發生了這麼多凶險和意外事件，有多位家族成員的命盤上存在火星、天王星、冥王星與個人行星間的相位很容易理解，這些相位的重複除了代表個人的內在情結與外在表現模式，也是一種家族印記的遺傳。相位之外，我們也可以試著檢查家族成員間是否有哪些星座被強調或高度重複的特定度數。被突顯的星座指出家庭氛圍和主題；命盤上的行星重複出現了某些特定度數則代表這些家族成員會在同一時間被過運行星所刺激、行運與命盤間形成相位，而發生了休戚與共的事件。

老約瑟夫·甘迺迪命盤上的太陽落在處女座14°、月亮落在處

女座18°；他的長子小約瑟夫則有巨蟹座13°的水星、雙子座的13°火星，以及巨蟹座18°的金星、摩羯座19°的月亮，還有獅子座與水瓶座18°的月亮交點；老約瑟夫的次子約翰·甘迺迪的月亮則落在處女座17°、火星在金牛座18°。此外，約翰在金牛座21°的水星、金牛座23°木星則緊密合相母親羅絲在金牛座22°的天底位置。其實還有更多其他甘迺迪家族的成員們的占星因子重複著相同度數，如同許多其他家庭的情況。相同度數除了在行運上代表同時間被刺激外，也意味著在合盤上呈現緊密的相位關係，暗示家族成員間命定的牽扯。

	老約瑟夫	羅絲（妻）	小約瑟夫（長子）	約翰（次子）
金牛座		22°－天底		18°－火星 21°－水星 23°－木星
雙子座			13°－火星	
巨蟹座			13°－水星 18°－金星	
獅子座			18°－月亮交點	
處女座	14°－太陽 18°－月亮			17°－月亮
摩羯座			19°－月亮	

　　太陽與月亮，除了祂們的自然徵象在個人人生中的重要性外，也是老約瑟夫第十二宮的宮內星。占星中的元素都有各面向、多層次的象徵，在家庭層面上，第十二宮內的行星往往象徵家庭陰影的控制力量，這些陰影終將透過個人表現出來。第十二宮外，再加上第四和第八宮，三個所謂的「水象宮位」，常帶有家庭的印記。而天頂－天底軸線除了代表家庭與外界的關係，展現人們參與社會的能力外，也結合成就一個人內在與外在的自我，且暗示著來自父母對於自己的社

會期待。因此，第十宮也常被涵蓋在家庭印記的論述中。

　　老約瑟夫與波士頓市長之女羅絲·菲茨傑拉德於1914年結婚，婚後共育有四兒五女。老約瑟夫曾將家族的榮耀寄託在長子小約瑟夫·甘迺迪身上，有計畫的培育他。不幸的是，二戰中小約瑟夫在英國戰場執行任務時殉職了。也因此維護家族榮譽和利益的重責大任轉嫁到次子約翰·甘迺迪的身上，雖然二戰時他也在前線參戰。這也正是約翰·甘迺迪命盤上緊靠天頂的土星所代表的意義——十宮中的土星常代表強烈的使命感和世俗成就的野心，即使被延遲也不放棄。這可能來自於童年時身分上的被壓制或情感上的不滿足。（另一個更常被引用的案例是希特勒。比較一下約翰·甘迺迪和希特勒的命盤，乍看之下是有那麼幾分相似，真巧。兩人出生時間相差了二十八年一個多月，土星即將回歸，同時也接近月亮交點的一個半周期——南、北月亮交點的位置互換！）第二次世界大戰結束後，約翰·甘迺迪開始踏入美國政治舞台，不負家人的期待，他一路從眾議員、參議員走上總統大位。卻又不幸在總統任內被刺身亡！

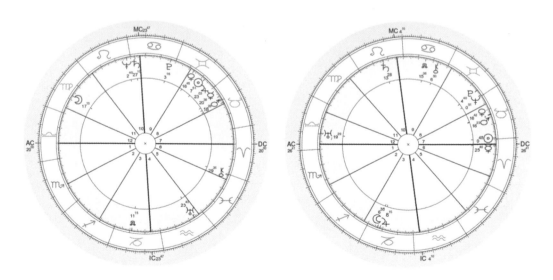

星圖四十五·約翰·甘迺迪（左圖）／希特勒（右圖）

老約瑟夫和小約瑟夫、約翰，他們父子、兄弟間的四個尖軸，以及第四、第十宮是否存在某些關聯？老約瑟夫命盤的上升點在天秤座5°、天頂巨蟹座6°、北月亮交點巨蟹座29°。

稱謂	First Name／暱稱	行星、尖軸的位置	關聯
長子	小約瑟夫	上升點：天秤座1° 天頂：巨蟹座1°	父子倆的上升與天頂位置相近
次子	約翰（美國前總統）	上升點→天秤座 天頂、土星→巨蟹座	與父、兄仁的上升／天頂星座相同

子女的命盤中可以看到父親的影子外，也與母親有所連結。老約瑟夫的髮妻，小約瑟夫和約翰‧甘迺迪的母親，命盤中的月亮在天秤座5°，緊合丈夫的上升點；下降點則在巨蟹座27°，緊合次子約翰命盤十宮裡的土星，也與丈夫和長子的天頂同一星座；母親在金牛座22°的天底則與與次子命盤中第八宮的水星、火星、木星星群形成合相。不過，孩子的母親羅絲‧菲茨傑拉德的出生資料在Astro-Databank網站中被歸於「Rodden Rating DD」等級，不保證準確，因此，下降點和天底的位置也就可能存在誤差，僅供參考。

稱謂	First Name／暱稱	行星、尖軸的位置	關聯
次子	約翰	天頂：巨蟹座24° ⟶ 土星：巨蟹座27° ⟶ 水星：金牛座21° 火星：金牛座18° 木星：金牛座23°	接近母親下降點位置； 緊合母親的下降點； 與母親的天底合相
長女	羅斯瑪麗	命主星木星→巨蟹座 月亮：射手座24° ⟶ 水星：處女座4° 金星：處女座2°	貼近母親的南月亮交點； 合相母親的處女座3°土星

除了父母與子女間的占星因子連結外，兄弟姊妹間也常見連結。例如，老約瑟夫的長女，羅斯瑪麗·甘迺迪，她的命主星木星和大哥小約瑟夫命盤裡代表兄弟姊妹的水星緊合，同時也是二哥約翰命盤裡的南月亮交點的位置。而她在天蠍座18°的火星則與約翰命盤裡的火星形成同度數的對分相，還包括約翰的水星和三宮主星木星。約翰八宮裡的火星，除了是他日後遭遇意外傷害的徵象外，也暗示了因妹妹的不幸帶來的內心創傷——羅斯瑪麗在出生時大腦缺氧導致智力發育遲緩，後來還出現癲癇發作和嚴重的情緒問題。在她二十三歲時，父親老約瑟夫為其安排了腦白質切除術，不幸手術失敗，羅斯瑪麗從此無法清晰表達意思。此後她就在一家精神病院裡生活，關於她的下落和祕密也被隱藏了數十年。

　　此外，在小約瑟夫和約翰·甘迺迪兄弟倆的星盤比對中也可以明顯看到，哥哥小約瑟夫的水星和土星合相弟弟約翰的南月亮交點。南月亮交點在占星上的意義有許多不同的解釋，其中也包括：犧牲、限制。這很符合約翰·甘迺迪的經驗——哥哥將代表責任與使命的土星「倒入」弟弟的南月亮交點裡，「☋」，一個開口向上的容器。而小約瑟夫的水星，除了代表兄弟姊妹外，也是落在命盤十宮裡的第十二宮主星。命盤中的第十二宮的狀態常是透過家族傳遞而來的，小約瑟夫的第十二宮主星合相土星，落入第十宮；約翰的第十二宮主星合相火星，落入第八宮；另一位在競選總統期間遭槍擊身亡的約翰·甘迺迪七弟羅伯特，第十二宮主星火星落在命盤下降點位置；羅斯瑪麗的第十二宮主星土星則對衝天王星，落入第六宮，顯然她的身心健康問題承接自家族。

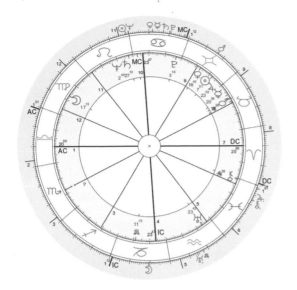

星圖四十六·弟兄合盤——約翰·甘迺迪（內圈）＋小約瑟夫（外圈）

　　除了血緣關係外，占星上的「巧合」也可能出現在婚姻所帶來的新成員身上。凱薩琳是老約瑟夫的次女，第四個孩子。1944年，在母親的反對下她與哈廷頓侯爵結婚，家族只有小約瑟夫出席了婚禮。四個星期後，哈廷頓離開妻子，到法國與德軍作戰，同年9月被德軍狙擊身亡。凱薩琳本人則是在1948年5月因飛機失事身亡。

稱謂	First Name／暱稱	行星、尖軸的位置	關聯
	老約瑟夫	天頂：巨蟹座6°	
長子	小約瑟夫	上升點：天秤座1°	
次子	約翰	上升點：天秤座20°	
女婿	（次女凱薩琳之夫）哈廷頓侯爵	南月交點：巨蟹座5° 水星：天秤座1° 太陽：天秤座17°	緊合老丈人的天頂位置； 緊合小約瑟夫的上升點； 接近約翰的上升點

凱薩琳的夫婿生於英國、長於英國，與凱薩琳的原生家庭隔著大西洋遙遙相望。除了命盤上的重複度數外，遠在歐洲的夫婿哈廷頓侯爵殉職後，家族的爵位由其弟安德魯承襲；凱薩琳的大哥小約瑟夫殉職後，甘迺迪家族的榮譽轉由二哥約翰・甘迺迪所肩負。在第二次世界大戰的時代背景下，這也許是普遍存在的現象，不過，布萊恩・克拉克在他的《家族占星全書》中也說了一段自己的故事——布萊恩唯一的哥哥結婚、離家時，布萊恩才十五歲。在他開始學習占星學後，布萊恩曾建構家族成員的星盤，也畫出大嫂的命盤。令他驚訝與困惑的是，年長布萊恩兩歲的大嫂的命盤與自己的命盤配置十分相似。「某個手足的行星配置、相位和模式往往會與自己伴侶的星盤互相複製，手足關係的移轉比我們所知道的還要多得多，尤其是當手足之間疏遠了，彼此有隔閡了，或是當有未解決的傷痛或其他未完成的議題存在時。」是的！我也想起一位三十年的老朋友，他的出生時間比我晚幾個月。這位朋友命盤的下降點十分接近我唯一的親哥的天頂位置，也是我的北月亮交點位置；朋友的出生太陽則緊密貼合我親哥的上升點。

　　如果將多位家族成員的命盤排列出來，一一比對，恐怕會眼花撩亂，無從下手。因此，現代的占星師們也會藉助心理學或社工們所發展出來的各種工具，「家系圖（Genogram）」應該算是家族占星領域最常見的輔助工具。占星上，使用通用的符號建立家系圖外，還會加入各種占星師認爲重要的資訊，例如：外貌、個性、曾發生的重大事件以及時間……，乃至行星相位。現今家族占星已經發展成爲一個龐雜的系統，以上舉隅僅是聊備一格，藉由家族成員間命盤的連結，窺探降生爲人因緣！是否存在所肩負的使命或待學習的功課？關於肉體之外的「存有」，佛法的觀點認爲，阿賴耶識因業力牽引而去往投胎。西洋神祕學中常見的說法是，靈魂由守護天使帶領，選擇了特定的時代、地方、家庭來投胎。而以通靈方式傳達的《赫萊瑞恩系

列（Hilarion Series）》中也有一句話：「每一個靈魂都出生於恰好應得的環境，好讓他可以卸下自己的大部分業力。」

合盤中的相愛相殺

除了血緣關係的家族成員間以及新加入的姻親之間可能看到命盤上的糾纏外，某個午後在咖啡廳裡和你隔桌對望的他，未必與「卸下業力」無關。

讓我們一起來看看美國第四十二任總統比爾‧柯林頓的故事。柯林頓總統的任內，政績得到多數民眾肯定，尤其是當時美國的經濟表現倍受肯定。也因此，雖然他也牽涉了一系列的醜聞，仍然有著較高的聲望。但是，1998年初與白宮女實習生莫妮卡‧陸文斯基間的性醜聞被曝光後，引發了對此一不倫的調查和對總統的彈劾案。雖然最終柯林頓總統並未被定罪，卻因為與這位年輕自己二十七歲的女實習生的關係，給自己的人生帶來的汙點比起其他醜聞的影響還要糟糕。而陸文斯基因為這件醜聞而成為了知名人物，隨後還趁勢涉足多項事業，也在網上被人公開嘲笑和霸凌。

如果想要以占星術檢視柯林頓和陸文斯基間的醜聞，最直接的方式是檢視兩人的合盤。從合盤中可以看到，柯林頓的太陽合相陸文斯基的金星；陸文斯基的太陽合相柯林頓的土星。女性的金星狀態指出她如何去展現魅力以及吸引力，當祂與對方的太陽合相，給太陽一方帶來舒適與享樂的感受外，自己也能得到太陽帶來的溫暖。太陽也是創造力或權威、男性上司的象徵。對於女性來說，太陽象徵潛意識裡的陽性面向，也可能代表一位男性伴侶。當男女合盤中的女方太陽合相男方土星時，男方可以感受到太陽帶來的溫暖外，也可能遏止太陽向外散發光芒，見不得光的戀情中常出現這類星盤比對。麗茲‧格林在《土星》一書中寫道，如果星盤比對裡有土星相位，雙方都會有

一種命定的感覺，而且往往是業力造成的關係。

　　既然談到命定和業力，不能忽視月亮交點和上升、天頂、下降、天底四個基本點。這幾個虛點一直都被認為與命運深刻連結，甚至許多占星書籍在討論到月亮交點時喜歡涉及靈魂、前世今生之類議題。其實，整張命盤都反映了過往的業力。尤其是，合盤中出現月亮交點和基本點合相時，常會帶來雙重的吸引力，建立起強烈的、不由自主的一段關係。陸文斯基的南月亮交點就合相柯林頓的命盤天頂。一方面代表陸文斯基想要在總統身邊，給予幫助；另一方面，之後的發展卻又讓總統陷入狼狽窘迫的困境。

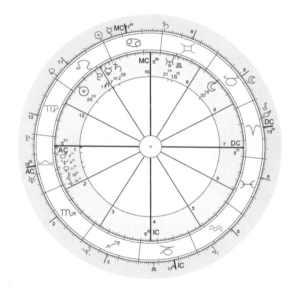

星圖四十七・男女合盤——
美國第四十二任總統柯林頓
＋莫妮卡・陸文斯基

　　柯林頓與陸文斯基的故事外，柯市長與連勝文先生間的連結則是另一個值得省思的故事。

　　2014年連勝文參選臺北市市長，這是他首度參選公職，卻因為始終未能擺脫權貴形象而敗選，他的對手柯文哲也是首度參選公職的政治素人。柯文哲先生在此次參選前才剛卸下醫師工作。事實上，柯醫師和連先生的因緣不止於此次選戰。2010年11月26日晚間，連勝文先生在永和為人助選時，遭人持槍近距離射擊頭部。子彈打偏穿過

左臉，連勝文先是被送到永和的耕莘醫院，再轉送台大醫院急救，由時任台大醫院創傷部主任的柯文哲醫師指揮外科急救團隊積極搶救。幸運的，連勝文快速康復。如果我們依據《維基百科》上的出生資料來檢視兩人出生時的星盤，可以看到：兩人出生時的太陽位置對衝（出生日期相差六個月）、連勝文的火星合相凱龍星落在柯文哲的南月亮交點位置、柯文哲的火星也落在連勝文的南月亮交點位置。

雖然太陽的對分相指出兩人的人生目標和追求是往相反方向發展的，但是對分相的刺激也能讓彼此在對方身上看到自己的不足之處，學習後往平衡點前進。特別是，雙方又都有火星合相對方的南月亮交點——火星的能量流向南月亮交點。這會讓火星方感到心力交瘁，累積敵意與緊張能量，然後突然爆發。此一案例，雙方都有相同感受。而合盤中的月亮交點—凱龍星相位暗示雙方間的「受傷—療癒」課題。

星座的初度數、中間度數、尾度數

當檢視甘迺迪家族成員們的命盤時，還可以看到幾個特點：老約瑟夫・甘迺迪的命主星金星，以及木星、月亮交點，落在星座的尾度數（29.x°）上。而他的妻子羅絲・甘迺迪，出生時太陽、水星、火星三顆行星落在星座的初度數（0.x°）上。老約瑟夫的子女和孫輩們中則有多位家族成員的命盤裡有著多顆行星位在星座的中間度數（14°～16°），特別是，位在象徵家庭的巨蟹座或象徵世俗野心的摩羯座的14°、15°上。先不論占星上的家族議題，行星落在星座的初度數、中間度數、尾度數有何特殊意義嗎？

前文在談論星座時曾提到過，一個星座的前面十度區間的力量是最強、最純粹的，最能夠發揮該星座的特質；中間十度、最後十度區間所表現出來的該星座特質會較弱，摻雜有同元素另一星座的特質

在內。而現代的知名占星學者Frank Clifford則在演講和文章中整理出另外一套星座的初度數、中間度數、尾度數所具有的特殊意義——

- 每個星座的初度數（0°～1°）、中間度數（14°～16°）、尾度數（29°～30°），都攜帶著特殊的潛藏資訊，包括在本命上的，或是推運星圖、行運星圖。

- 當行星落在命盤上某星座的初度數時，行星可以感受到這個星座的新鮮能量，有一種創始的感覺。祂會渴望抓住該星座的本質，進行一次新的旅程。這顆行星非常渴望獲得祂將要成為的樣子和感受。

在「金星」一節曾提及，2019年台灣一位小有名氣的綜藝節目女主持人（參考星圖二）爆出與已婚男藝人的緋聞，個人形象與事業都大受打擊。她的出生木星就位於天蠍座0°1'，與合相南月亮交點的金星形成了寬鬆的四分相。固定的水象星座天蠍座，將激昂澎湃的感情隱藏在陰暗的角落，卻又玩著木星冒險的遊戲。不過，遊戲的開始必須等到行運天王星帶來解脫和叛逆的力量。從2018年底到2019年初，行運天王星在她的木星對衝位置徘徊。

- 行星在初度數時，對於如何掌握這個星座的能量並不夠熟練，只是在不知不覺中把握了該星座最原始的精神。以著名影星伊莉莎白‧泰勒（參考星圖七）位在水瓶座0°19'的土星為例——水瓶座除了帶來特立獨行的表現和豐富的創意外，也代表博愛精神。泰勒在五十歲後，推運的上升點移到本命土星位置，開始投身公益。她也曾為對抗愛滋病而努力，成立抗愛滋組織，還利用自己的政商人脈去遊說政府關注這個疾病。

- 出生時的尖軸、行星落在星座的尾度數時，宛如走到了路途的終點處。他們生來就是要完成這個星座的工作，常會有一種

必然性和命中注定的感覺。甚至是種對出生前無法挽回的事情的迷戀，是執著，也是使命，或者說，將要接納出生時所背負的一切。

美國前總統川普（參考星圖四十三）出生時的上升點落在獅子座29°58'，上升點指出一個人與外在世界的融合方式，代表的是一個人在別人眼中的形象，或是所表現出來的氣質。川普從房地產開發到媒體經營，他的商業生涯跌宕起伏，但是，從來都不影響他的高調生活方式。即使2020年底大選失利，無法連任總統，他也從沒有顯現出失敗者的形色。獅子座就是他的表演人生的最佳注解。

另一個更具代表性的例子是，在「天王星」一節中曾提及的中國舞蹈家、跨性別藝人金星（參考星圖六）。她的性別重置手術在行運中有多重的徵象；也可以說是，憑藉多方過運行星的力量讓她完成了心之所嚮。除了過運的土星、天王星，還有火星，同時，行運凱龍星也緊密合相本命的天王星。凱龍星的自然徵象可以代表一位外科醫師；而在她的本命盤裡凱龍星在雙魚座29°逆行！就在子宮內的最後階段，她出生前的四十天，凱龍星就差10'進入白羊座，卻又突然回頭。藝術氣息外，雙魚座的混亂、犧牲成為她必須面對的內心傷痛。二十八年後，這顆尾度數的凱龍星對於出生時的錯誤難以釋懷，她決定，改正錯誤，回歸本心。

· 如果出生時的尖軸，或命盤中有行星落在某星座的中間度數，他們可能陷入這個星座所帶來的挑戰，必須處理這個星座所帶來的問題。而又暫時不可能改變外在環境，必須堅持下去。

再以伊莉莎白‧泰勒（星圖七）位在天蠍座15°36'的月亮和獅子座15°11'的木星為例——天蠍座的敏感和發揮直覺力的特質配合上周期變化的入弱月亮；獅子座的創造力和自我、專斷個性與木星的擴張

性相互激盪。於是，泰勒在傑出的演藝表現之外，膨脹的自我和反覆的情緒也寫下了豐富的情史。她的一生，現實生活與戲劇情節交錯，這也正是她所必須面對的人生挑戰和堅持。

　　星盤上的行星或上升點、天頂的位置，落在星座的初度數、中間度數、尾度數時，會讓一些占星師特別看待，甚至有些占星師形容尾度數是「死亡度數」。其實，命盤中有行星或尖軸落在這幾個特殊度數並不少見，機率還滿大的。即使單論一個尾度數——有行星或尖軸位於星座尾度數的人，以機率論，應該達到三分之一的人口吧！所以，個人占星上，如果真有這些特殊度數的行星出現，還不如認真探討此行星所在宮位、相位、狀態，對當事人的象徵意義和所引起的作用。不過，實際經驗上，卜卦占星的判斷裡初度數和尾度數的確代表了某些特殊涵義與暗示，難以忽視。另外一種狀況是，當一個家族的成員們命盤中頻繁出現某一特殊配置時，就值得特別留意。例如，甘迺迪家族多位成員的命盤裡有著巨蟹座或摩羯座的中間度數行星。

　　關於行星、尖軸落在星座的初度數或尾度數帶來的影響，中國的七政四餘論命術也有「十二宮交界之處為『歧』」之說。主張：身命官福等星坐度宜深，不宜躔兩歧之間。否則多是隸卒之徒，或偏生庶出、過房離祖，常主遷移，奔波勞碌。若有祿貴吉星拱夾，可主貴。元代的星命家鄭希誠更直言：「兩歧斷躔處立命，主夭，否則貧乏。」前例的老約瑟夫‧甘迺迪立命辰宮，命主星金星落在辰、巳兩宮的交界處，而且又無祿貴吉星拱夾。同時木星也位於寅、卯兩宮的交界處！老約瑟夫是家中的長子，也絕非隸卒一屬，只是承受了白髮人送黑髮人的悲慟，自身享壽八十一。隨意瀏覽本書中曾經提及的命例——川普的上升點落在獅子座29°58'（Rodden Rating AA）；叔本華的天頂落在水瓶座29°55'（Rodden Rating AA）；香奈兒的上升點落在射手座29°41'、天頂落在天秤座29°44'（Rodden Rating AA）……所謂的特殊度數真不少見。各有各的故事，論命還得看全

盤，不能僅憑單一徵象，更不能囫圇吞棗式套用前人的斷語。何況命理之外尚有天理！

　　本書就以紀曉嵐先生在《閱微草堂筆記・卷五》中所收錄的一個故事作結——虞春潭推算命運奇準無比。有一回他到襄漢地區遊歷，在船上遇到了一位書生裝扮的人，兩人交談甚是融洽。但是，虞春潭慢慢注意到這位仁兄好像都不睡覺，也不需要吃飯。因而懷疑他到底是神是鬼？某個夜裡談話間，虞春潭忍不住就直接問起這事。這位仁兄也大方承認，他其實是「文昌司祿之神」。眼前原來是掌管世人祿位的神明！於是，虞春潭抓住機會追問說：其實我在命理這一方面頗有研究，論斷也多被肯定。我曾經推算某某先生的命運，認為他必會顯貴，但是，後來發生的情況卻又不是如我所預料。這是為什麼呢？您掌管世人祿位，應該知道緣由吧！司祿之神回答說：您說的這位先生的確原本屬於顯貴之命，卻因為他過於熱衷，反而官爵被削減去七成。雖然說，追求功名官祿是人之常情，但是，過於熱衷的話就會表現出霸道、專權，或是以陰謀詭計來鞏固地位。不管是專權任性，還是陰謀行事，在爭權奪勢間必然就會黨同伐異，排除異己。因此，他們「不問人之賢否，而問黨之異同；不計事之可否，而計己之勝負。流弊不可勝言矣。是其惡在貪酷上。壽且削減，何止於祿乎？」此情此景，似曾相識！

【附錄】案例出生資料

　　這本書提及的許多名人案例，出生資料都來自Astro-Databank網站（http://www.astrodatabank.com）。Astro-Databank的創始人羅伊絲‧羅登（Lois Rodden）致力於蒐集公眾人物的出生資料，並且公開所建立的資料庫，提供給占星同好們作為研究材料。同時，依資訊來源將資料分類，設立了「羅登評級系統」，讓使用者對於資料的可靠性和價值能有判斷的依據。其中，Rodden Rating AA、Rodden Rating A、Rodden Rating B，這三個等級的資料被認為相對可靠。

　　以下依星圖的次序將書中命例的出生資料列出——

・前微軟董事長、CEO比爾‧蓋茲（William Henry Gates III）
born on 28 October 1955 at 22:00 (= 10:00 PM)
Place: Seattle, Washington, 47n36, 122w20
Rodden Rating A

・美國第四十五任總統唐納‧川普（Donald John Trump）
born on 14 June 1946 at 10:54 (= 10:54 AM)
Place: Queens County, New York, 40n42, 73w4859
Rodden Rating AA

・美國前總統唐納‧川普的第二任妻子梅普斯（Marla Ann Maples）
born on 27 October 1963 at 11:49 (= 11:49 AM)
Place: Dalton, Georgia (US), 34n46, 84w58
Rodden Rating A

· 川普的第三任妻子梅蘭妮亞（Melania Trump）
born on 26 April 1970
Place: Novo Mesto, Slovenia, 45n48, 15e10
Rodden Rating X

· 知名影星伊莉莎白 · 泰勒（Elizabeth Rosemond Taylor）
born on 27 February 1932 at 02:30 (= 02:30 AM)
Place: London, England, 51n30, 0w10
Rodden Rating AA

· 德國前總理格哈特 · 施若德（Gerhard Fritz Kurt
Schröder）
born on 7 April 1944 at 22:00 (= 10:00 PM)
Place: Blomberg, Germany, 51n56, 9e05
Rodden Rating AA

· 印度故總理英迪拉 · 甘地（Indira Priyadarshini Gandhi）
born on 19 November 1917 at 23:11 (= 11:11 PM)
Place: Allahabad, India, 25n27, 81e51
Rodden Rating A

· 美國第四十三任總統喬治 · 沃克 · 布希（George Walker
Bush）
born on 6 July 1946 at 07:26 (= 07:26 AM)
Place: New Haven, Connecticut, 41n18, 72w56
Rodden Rating AA

· 美國投資家華倫 · 愛德華 · 巴菲特（Warren Edward
Buffett）

born on 30 August 1930 at 15:00 (= 3:00 PM)
Place: Omaha, Nebraska, 41n16, 95w56
Rodden Rating A

· 英國哲學家、數學家和邏輯學家伯特蘭 · 羅素（Bertrand
Arthur William Russell）
born on 18 May 1872 at 17:45 (= 5:45 PM)
Place: Trellech, Wales, 51n45, 2w43
Rodden Rating B

· 蘋果公司創始人之一的史蒂夫 · 賈伯斯（Steven Paul Jobs）
born on 24 February 1955 at 19:15 (= 7:15 PM)
Place: San Francisco, California, 37n47, 122w25
Rodden Rating AA

· 木匠兄妹合唱團妹妹凱倫 · 卡本特（Karen Anne
Carpenter）
born on 2 March 1950 at 11:45 (= 11:45 AM)
Place: New Haven, Connecticut, 41n18, 72w56
Rodden Rating AA

· 知名影星李奧納多 · 狄卡皮歐（Leonardo Wilhelm
DiCaprio）
born on 11 November 1974 at 02:47 (= 02:47 AM)
Place: Los Angeles, California, 34n03, 118w15
Rodden Rating AA

· 奧克拉荷馬市爆炸案主謀蒂莫西 · 詹姆士 · 麥克維
（Timothy James McVeigh）
born on 23 April 1968 at 08:19 (= 08:19 AM)

Place: Lockport, New York, 43n10, 78w41
Rodden Rating AA

· 法國時裝設計師、Chanel品牌的創始人香奈兒（Gabrielle
Bonheur Chanel）
born on 19 August 1883 at 16:00 (= 4:00 PM)
Place: Saumur, France, 47n16, 0w05
Rodden Rating AA

· 美國知名女演員安潔莉娜‧裘莉（Angelina Jolie）
born on 4 June 1975 at 09:09 (= 09:09 AM)
Place: Los Angeles Cedars of Lebanon, California,
34n0546, 118w1740
Rodden Rating AA

· 英國小說家珍‧奧斯丁（Jane Austen）
born on 16 December 1775 at 23:45 (= 11:45 PM)
Place: Steventon, England, 51n38, 1w20
Rodden Rating A

· 英國已故首相邱吉爾（Winston Churchill）
born on 30 November 1874 at 01:30 (= 01:30 AM)
Place: Woodstock, England, 51n52, 1w21
Rodden Rating A

· 第一個踏上月球表面的太空人阿姆斯壯（Neil Alden
Armstrong）
born on 5 August 1930 at 00:31 (= 12:31 AM)
Place: Wapakoneta, Ohio, 40n34, 84w12
Rodden Rating AA

·美國傳媒大亨、CNN創辦人泰德‧透納（Ted Turner）
born on 19 November 1938 at 08:50 (= 08:50 AM)
Place: Cincinnati, Ohio, 39n10, 84w27
Rodden Rating AA

·教宗聖若望保祿二世（Pope John Paul II）
born on 18 May 1920 at 17:30 (= 5:30 PM)
Place: Wadowice, Poland, 49n53, 19e30
Rodden Rating A

·阿諾‧史瓦辛格（Arnold Schwarzenegger）
born on 30 July 1947 at 04:10 (= 04:10 AM)
Place: Graz, Austria, 47n05, 15e27
Rodden Rating A

·本篤十六世（Pope Benedict XVI）
born on 16 April 1927 at 04:15 (= 04:15 AM)
Place: Marktl, Germany, 48n15, 12e51
Rodden Rating AA

·美國第三十五任總統約翰‧甘迺迪（John Fitzgerald
Kennedy）
born on 29 May 1917 at 15:00 (= 3:00 PM)
Place: Brookline, Massachusetts, 42n20, 71w07
Rodden Rating A

·阿道夫‧希特勒（德語：Adolf Hitler）
born on 20 April 1889 at 18:30 (= 6:30 PM)
Place: Braunau, Austria, 48n15, 13e04
Rodden Rating AA

· 美國已故總統約翰‧甘迺迪長兄小約瑟夫‧甘迺迪（Joseph Patrick "Joe" Kennedy Jr.）
born on 25 July 1915 at 09:40 (= 09:40 AM)
Place: Hull, Massachusetts, 42n18, 70w55
Rodden Rating B

· 美國第四十二任總統柯林頓（William Jefferson Clinton）
born on 19 August 1946 at 08:51 (= 08:51 AM)
Place: Hope, Arkansas, 33n40, 93w35
Rodden Rating A

· 莫妮卡‧陸文斯基（Monica Samille Lewinsky）
born on 23 July 1973 at 12:21 (= 12:21 PM)
Place: San Francisco, California, 37n47, 122w25
Rodden Rating AA

還有一些未繪出星圖的命例的出生資料補充－－

· 義大利男高音波切利（Andrea Bocelli）
born on 22 September 1958 at 05:15 (= 05:15 AM)
Place: Pisa, Italy, 43n43, 10e23
Rodden Rating AA

· 美國作家海倫‧凱勒（Helen Adams Keller）
born on 27 June 1880 at 16:00 (= 4:00 PM)
Place: Tuscumbia, Alabama, 34n44, 87w42
Rodden Rating A

· 美國女歌手圭密（Christina Victoria Grimmie）
born on 12 March 1994 at 10:14 (= 10:14 AM)

Place: Marlton, New Jersey, 39n53, 74w55
Rodden Rating C

· 美國實業家、慈善家約翰·戴維森·洛克斐勒（John Davison Rockefeller）
born on 8 July 1839 at 23:55 (= 11:55 PM)
Place: Richford, New York, 42n21, 76w12
Rodden Rating B

· 紐西蘭籍男演員羅素·克洛（Russell Ira Crowe）
born on 7 April 1964 at 02:00 (= 02:00 AM)
Place: Wellington, New Zealand, 41s18, 174e47
Rodden Rating C

· 英國陸軍元帥伯納德·蒙哥馬利（Bernard Law Montgomery）
born on 17 November 1887 at 21:17 (= 9:17 PM)
Place: London, England, 51n30, 0w10
Rodden Rating A

· 法國哲學家、劇作家、小說家尚—保羅·沙特（法語：Jean-Paul Sartre）
born on 21 June 1905 at 18:45 (= 6:45 PM)
Place : Paris, France, 48n52, 2e20
Rodden Rating AA

· 哥本哈根學派的代表人物海森堡（Werner Heisenberg）
born on 5 December 1901 at 16:45 (= 4:45 PM)
Place: Würzburg, Germany, 49n48, 9e56
Rodden Rating AA

· 德國哲學家叔本華（德語：Arthur Schopenhauer）
born on 22 February 1788 at 12:00 (= 12:00 noon)
Place: Danzig, Germany, 54n21, 18e3952
Rodden Rating AA

· 西班牙畫家巴勃羅 · 畢卡索（西班牙語：Pablo Ruiz Picasso）
born on 25 October 1881 at 23:15 (= 11:15 PM)
Place: Málaga, Spain, 36n43, 4w25
Rodden Rating AA

· 老約瑟夫 · 甘迺迪（Joseph Patrick "Joe" Kennedy, Sr.）
born on 6 September 1888 at 07:06 (= 07:06 AM)
Place: Boston, Massachusetts, 42n22, 71w04
Rodden Rating DD

· 羅絲 · 伊麗莎白 · 菲茨傑拉德 · 甘迺迪（Rose Elizabeth Fitzgerald Kennedy）
born on 22 July 1890 at 19:00 (= 7:00 PM)
Place: Boston, USA, 42n22, 71w04
Rodden Rating DD

國家圖書館出版品預行編目資料

管闚隨筆Ⅰ：占星學補充資料／姜禮淦著. --初
版.--臺中市：白象文化事業有限公司，2023.8
　　面；　公分
ISBN 978-626-364-067-2（平裝）
1.CST: 占星術
292.22　　　　　　　　　　　　112009471

管闚隨筆Ⅰ：占星學補充資料

作　　　者　姜禮淦
校　　　對　姜禮淦
星象繪圖　姜禮淦
發 行 人　張輝潭
出版發行　白象文化事業有限公司
　　　　　412台中市大里區科技路1號8樓之2（台中軟體園區）
　　　　　出版專線：（04）2496-5995　　傳眞：（04）2496-9901
　　　　　401台中市東區和平街228巷44號（經銷部）
　　　　　購書專線：（04）2220-8589　　傳眞：（04）2220-8505
出版編印　林榮威、陳逸儒、黃麗穎、陳婷婷、李婕
設計創意　張禮南、何佳諠
經紀企劃　張輝潭、徐錦淳
經銷推廣　李莉吟、莊博亞、劉育姍、林政泓
行銷宣傳　黃姿虹、沈若瑜
營運管理　林金郎、曾千熏
印　　　刷　基盛印刷工場
初版一刷　2023年8月
定　　　價　320元

白象文化　印書小舖 PressStore出版社群　出版 · 經銷 · 宣傳 · 設計
www.ElephantWhite.com.tw　f 自費出版的領導者　購書 白象文化生活館